# Pedro Granados

## Amerindios / Amerindians

Translators
Leslie Bary
Sasha Reiter
Isaac Goldemberg

Nueva York, 2020

Amerindios / Amerindians

ISBN-13: 978-1-940075-88-4
ISBN-10: 1-940075-88-2


Design: © Carlos Velasquez Torres
Cover & Image: ©Jhon Aguasaco
Editor in chief: Carlos Velasquez Torres
Care of the edition: Rosario M. Bartolini
E-mail: carlos@artepoetica.com w
*Mail: 38-38 215 Place, Bayside, NY 11361, USA.*


© Amerindios / Amerindians, 2020 Pedro Granados.
© Amerindios/Amerindians, 2020 for the translation into English: Leslie Bary, Sasha Reiter, Isaac Goldemberg.
© Amerindios/ Amerindians, 2020 for this edition Artepoética Press.


All rights reserved. No part of this publication may be reproduced, distributed, or transmitted in any form or by any means, including photocopying, recording, or other electronic or mechanical methods, without the prior written permission of the publisher, except in the case of brief quotations embodied in critical reviews and certain other noncommercial uses permitted by copyright law. For permission requests, write to the publisher, addressed "Attention: Permissions Coordinator," at the address below: 38-38 215 Place, Bayside, NY 11361, USA

Todos los derechos reservados. Esta publicación no puede ser reproducida, ni en todo ni en parte, ni registrada en o transmitida por, un sistema de recuperación de información, en ninguna forma ni por ningún medio, sea mecánico, fotoquímico, electrónico, magnético, electroóptico, por fotocopia, o cualquier otro, sin el permiso previo por escrito de la editorial, excepto en casos de citación breve en reseñas críticas y otros usos no comerciales permitidos por la ley de derechos de autor. Para solicitar permiso, escríbale al editor a: 38-38 215 Place, Bayside, NY 11361, USA.

# Pedro Granados

## Amerindios/ Amerindians

Translators
Leslie Bary
Sasha Reiter
Isaac Goldemberg

Colección
Rambla de Mar

# Contenido

| | |
|---|---:|
| AMERINDIOS / AMERINDIANS | 9 |
| ROXOSOL / SUNREDSUN | 11 |
| LA MIRADA / THE GAZE | 11 |
| ROXOSOL | 13 |
| SUNREDSUN | 13 |
| Translator's introduction | 15 |
| Aprendiz de mago | 18 |
| Magician's Apprentice | 20 |
| [Luces enamorado antes de partir] | 22 |
| [You look like you're in love as you leave] | 23 |
| [Nada más con los palos] | 28 |
| [With just the oars] | 29 |
| La lengua apenas | 32 |
| The tongue barely | 33 |
| Mique | 34 |
| Mique | 35 |
| Siete años de edad | 38 |
| When we were seven | 39 |
| [Una mano toca tus añorados cabellos] | 42 |
| [One hand touches your longed-for hair] | 43 |
| [Ver al otro envejecer] | 44 |
| [To see someone age] | 45 |
| [Miro la herida] | 48 |
| [I look at the wound] | 49 |
| [Cuando el tiempo lo estime] | 50 |
| [When time deems it] | 51 |
| [Un espacio en blanco] | 54 |
| [A blank space] | 55 |
| [La belleza existe] | 56 |
| [Beauty exists] | 57 |
| [Inevitable] | 60 |
| [Inevitable] | 61 |
| [Muerto ya] | 62 |
| [Now dead] | 63 |
| [Aves alas] | 64 |

| | |
|---|---|
| [Birds Wings] | 65 |
| [Ahora que aún estoy vivo] | 70 |
| [Since I am still alive] | 71 |
| [El dorado el numen lo molar] | 72 |
| [The gilded one the spirit the grinding-stone] | 73 |
| [Este no es un poema moderno] | 76 |
| [This is no modern poem] | 77 |
| [Utterly defenseless] | 78 |
| [Desprotegido del todo] | 79 |
| [Tu verso no oculta la saliva] | 80 |
| [Your verse doesn't conceal the saliva] | 81 |
| LA MIRADA | 82 |
| THE GAZE | 83 |
| TRANSLATOR'S INTRODUCTION | 85 |
| ACTIVADO | 88 |
| ACTION PACKED | 89 |
| Visión de Lima | 90 |
| Vision of Lima | 91 |
| [En cierto momento] | 92 |
| [At a Certain Moment] | 93 |
| [Cachorros das ruas] | 94 |
| [Street Puppies] | 95 |
| Elquechuaespañol | 102 |
| Quechuaspanish | 103 |
| [SI PERDIÉRAMOS LA NOCIÓN DE LAS COSAS] | 104 |
| [Águilas al vino] | 108 |
| [Eagles in Wine] | 109 |
| Trilce cuarenta y cuatro | 112 |
| Trilce Forty Four | 113 |
| [Un poco de llama] | 114 |
| [A Little Bit of Llama] | 115 |
| [Cuando alguien te hable de cultura] | 118 |
| [When Someone Speaks to You of Culture] | 119 |
| [Desde esa parte en la que no soy andino] | 122 |
| [From the Part of Me that Is not Andean] | 123 |
| [Podría salirme de Vallejo] | 124 |
| [I Could Exit Vallejo] | 125 |

| | |
|---|---|
| [Agua devota es la poesía] | 126 |
| [Devout Water is Poetry] | 127 |
| Viernes santo de un poeta | 128 |
| A Poet's Good Friday | 129 |
| Año 2064 | 130 |
| Year 2064 | 131 |
| [Llegar de incógnitos] | 134 |
| [To Arrive Incognito] | 135 |
| [Cansado estoy de insistir] | 136 |
| [I Am Tired of Insisting] | 137 |
| LA MIRADA | 138 |
| THE GAZE | 139 |
| UNO | 140 |
| ONE | 141 |
| DOS | 144 |
| TWO | 145 |
| TRES | 146 |
| THREE | 147 |
| CUATRO | 148 |
| FOUR | 149 |
| CINCO | 152 |
| FIVE | 153 |
| SEIS | 154 |
| SIX | 155 |
| SIETE | 156 |
| SEVEN | 157 |
| OCHO | 158 |
| EIGHT | 159 |
| NUEVE | 160 |
| NINE | 161 |
| DIEZ | 164 |
| TEN | 165 |
| ONCE | 168 |
| ELEVEN | 169 |
| ACERCA DEL AUTOR | 174 |
| ABOUT THE AUTHOR | 175 |
| ACERCA DE LOS TRADUCTORES | 176 |
| ABOUT THE TRANSLATORS | 177 |

# AMERINDIOS / AMERINDIANS

Traductores / Translators
Leslie Bary
Sasha Reiter
Isaac Goldemberg

# ROXOSOL / SUNREDSUN

Translated by Leslie Bary

# LA MIRADA / THE GAZE

Translated by Sasha Reiter with Isaac Goldemberg

# ROXOSOL

Por Pedro Granados
(Cascahuesos editores, Arequipa, Perú, 2018)

# SUNREDSUN

By Pedro Granados (2018)
Translated by Leslie Bary

# Translator's introduction

> *Roxo sol, que con hacha luminosa*
> *coloras el purpúreo y alto cielo,*
> *¿hallaste tal belleza en todo el suelo,*
> *qu' iguale a mi serena Luz dichosa?*
> *--Fernando de Herrera, Soneto X*

The title of Pedro Granados' collection *Roxosol* comes from the Golden Age Spanish poet Fernando de Herrera's Sonnet X, in which the setting sun colors a purple sky as if to shed both light and blood. In Granados' poetic vision it refers as well to an optical illusion he first observed as a child in which the sun appeared as three lights, and to the legend of Inkarrí, the return of the Andean spirit driven underground by Hispanization. The sun-infused mindscapes of *Roxosol* stage this return as a daily occurrence, an awareness at the base of consciousness. I have translated *Roxosol* as SUNREDSUN.

The twenty pieces in the collection work to trace out a post-humanist and post-nationalist poetics. In his preface to the collection the eminent Peruvian critic Julio Ortega speaks of Granados' poetry as "emanat[ing] from a wound in the Spanish language" but from our perspective the work arises more precisely from the gap Granados senses in Peruvian cultural consciousness. The literary and cultural histories composed from Independence forward still attempt to locate origins in what was lost with the Conquest, and to incorporate indigenous worlds into national narratives. Yet other evidence of that past, older than the reified origins of national literary histories and lying outside these, pervades the Andean landscapes refracted in Granados' work. His poetry evokes the dislocated feeling of identifying with a psychic and physical terrain replete with signs of a past that is unknowable and yet visible, physically in the lines underground ruins trace in the earth, and psychically in the legend of the buried body and emergent spirit of the old sun or Inkarrí.

Writing in a political context marked by the waning of the nation-state and the rise of a globalization dominated not by men or countries but by faceless capital flows, Granados offers a poetics that would remake the world from below, where humans, other animals and the inanimate realm interact in non-hierarchical relation. The speaker in these poems is a national subject in the process of dissolution. In the work, polished language and writing rub against saliva and other physical conditions of speech. The poems insist upon place and situation, revealing cultural layers like geological strata, but outside the narration of nation. Consciousness of place here means moving beyond binaries like barbarism and civilization, past and present, but also human and non-human.

Pedro Granados' work on this sense of extraterritoriality spans over forty years, in poetic collections including *Sin motivo aparente* (1978), *Juego de manos* (1982), *Poemas en hucha* (2012), *Soledad impura* (2014), and *Activado* (2015), the novella *Prepucio carmesí* (New Jersey: ENE, 2000), as well as considerable critical work on Latin American poetry, with special emphasis on César Vallejo on whom he has written three books. Granados holds the B.A. from the Pontifícia Universidad Católica del Perú, the M.A. from Brown University, and the Ph.D. from Boston University. He lives and works in Lima. A Portuguese translation of *Roxosol* by Amálio Pinheiro was published by Cascahuesos Editores (Arequipa, Peru) in 2018.

The flexibility of Granados' syntax and his highly allusive style present a series of challenges to the English translator. While I have striven to stay as close as possible to the original, when I had choices to make I have opted for the most artistically sound English versions, as opposed to a more academically oriented translation. The work was done in conversation with the author, who also felt it was the spirit of the original that should be rendered. The goal was to create poems that could stand on their own in English, as recreations rather than glosses.

I came to translate *Roxosol* after Esteban Quispe, with whom I am collaborating on another project, attempted the translation with the help of the poet Ephraïm Albert. Although my translation is ground-up, it benefited greatly from my conversations with Esteban about the work. Alan Smith-Soto and Indran Amirthanagayam gave suggestions for which I am grateful, and Amálio Pinheiro, Granados' Portuguese translator and a fellow Vallejista, suggested translating the title as *SUNREDSUN*.

Leslie Bary

## Aprendiz de mago

La risa de Flora destemplaba las vigas que sostenían el altillo de la cocina. No tenías noción del tiempo transcurrido y la temperatura era muelle. Ese altillo, donde tú eras un intruso que había llegado poco después del desayuno, estaba recubierto de quitina, y todo él se sacudía, se elevaba, se posaba y volvía a elevarse con la torpe risa de Flora. Afuera, en el corredor de la quinta, al otro extremo del departamento donde te encontrabas, quizá alguien lavaría su ropa o las muchachas más grandes harían puntadas con los acontecimientos del barrio. No era fin de semana, de eso crees estar seguro, pues la familia no estaba reunida, y sólo de vez en cuando se escuchaban ruidos de platos, de ollas, chorros de agua que parecían indiferentes al coleóptero.

Más afuera, tus padres, empeñados en no creer las caras de lástima de sus fieles clientes, dibujaban hilachas de mercadería, que no engañaban a los gatos del mercado, improvisaban adornos, hacíanse de cajas vacías para llenar su gris mostrador, para intentar disimular su raleada estantería. Pero más cerca, la calle, inmediatamente la casa ajena y tú dentro de ese bicho, haciendo de gusano para Flora, de larva, para aquella niña extraña que siempre estaba rodeada de golosinas y de juguetes y de caprichos.

De pronto la larva pretendió transformarse en un mago, con la misma ingenuidad que la de sus padres, ante aquella niña de probada magia, e hizo desaparecer cinco soles (que en realidad él sabía eran cincuenta) aprovechando que el insecto planeaba.

El mago asomó por la borda despidiéndose del billete. Quiso que Flora viera, desprendida de los cargados artejos, sólo una partícula de polen en el vacío.

El regocijo fue unánime entre el mago y los gastados padres del mago, que en ese hallazgo veían surtir con algo de verdad el verdadero y arruinado puesto del mercado.

Mas la alegría duró las contradicciones en que puede caer un niño de seis años: la suerte no se encuentra, necesariamente, oculta en el piso de madera desde donde husmeaban los gatos, y justo debajo de los pies de sus propios padres.

La guerra avisó, el puesto se hundió del todo luego de un año. Los padres de Flora reclamaron su billete convulsivamente a los padres del aprendiz de mago. Fue una sorpresa ver aparecer las calles nítidas, los hombres nítidos, los insectos que no se prestan a ser un altillo.

Abril 2017 [1980]

## Magician's Apprentice

Flora's laughter made the floor of the loft in the kitchen roll like a wave. It was hard to tell what time it was and the air felt balmy. That loft, where you'd been an interloper since just after breakfast, was coated with a polymer of insect shells. The whole thing shook, rose up, settled down, and began rising again with Flora's rough laughter. Out in the corridor, by an apartment at the other end of the building, maybe somebody was washing clothes, or the older girls were doing needlework with the goings-on of the neighborhood. It couldn't be the weekend, you were sure of that, because the family wasn't around and you hardly heard any plates clicking, pots clanging, or water running. But beetles wouldn't care about those sounds, anyway.

A few steps away your parents, trying hard to ignore the pitying faces of their loyal customers, showed off threadbare merchandise that didn't even fool the alley cats. They improvised decorations, got hold of empty boxes to fill their gray counter, tried to mask the sparseness of their shelves. Nearer by was the street, and right across it someone else's house and you inside that bug, playing a worm for Flora, a larva for the strange girl nestled in sweets and toys and fancies.

All of a sudden, with the same carelessness that plagued his parents, the larva turned into a magician, right in front of that girl who already had magic. He made five—well, really fifty *soles* disappear, taking advantage of the insect hovering above them.

The magician looked over the railing, bidding farewell to the money. Floating along, load lifted from his joints, he wanted Flora to see only a particle of pollen in the emptiness.

Now the magician rejoiced in unison with his exhausted parents, who envisioned stocking real goods in their true and ruined market stall. But their happiness only lasted as long as a six-year-old's tall tales: you don't necessarily find luck hidden on the floor, where cats sniff around, just below your parents' feet.

War reared its head, and the stall was shuttered after a year. Flora's convulsing parents demanded money from the apprentice magician's. It was a surprise to see streets shiny, people clearly defined, insects that would never be lofts.

April 2017 [1980]

## [Luces enamorado antes de partir]

I

Luces enamorado antes de partir
La bruma la noche un recuerdo
Son lo único que te ata
Una mirada de frente a tu destino
Mucha vida hubo entre tus manos
Entre tus dedos también
Al escribir
Sobre si aquélla tu enamorada
La que te salvó de la soledad
La que te rescató de la muerte
La que se puso a tu lado
Y te hizo compañía de modo
Incondicionado
Y sin calcular el tiempo

II

Oleadas de pájaros
Del descubrimiento
De lo que amabas
De lágrimas más bien
Involuntarias
Por lo que sentías
Entre tu pie y la mano
Sensibles perceptivas
Y una común lanza profunda
Sangrante
Contra tu corazón
Pero si no has visto nada
De lo que ya miraras

# [You look like you're in love as you leave]

I

You look like you're in love as you leave
The fog the night a memory
These are the only things that bind you
A gaze straight ahead at your destiny
There has been so much life in your hands
Among your fingers too
While you wrote
About whether that girlfriend of yours
The one that saved you from loneliness
Rescued you from death
Placed herself at your side
And kept you company
Without setting conditions
And without keeping track of time

II

Wave upon wave of birds
From the discovery
Of what you loved
Or waves of tears rather
Involuntary
Brought on by what you felt
Between your foot and your hand
Sensitive perceptive
And a common spear deep
Bleeding
Against your heart
But you have seen nothing
Of what you'd observed

Pero si no recuerdas nada
Por lo de sobrevivir
Que es un olvido
Porque lo de ser poeta
Consiste en un radical olvido

III

La suerte está echada
El viento levanta tu cabellera
Tu calvicie precoz
Desde la ventana izquierda
Y desde la otra ventana
Contemplas impávido el apocalipsis
Tu madre te enseñó una eficaz
Oración para sortearlo
Y solo a eso te has atenido
En la vida
Por honrar a tu madre
Que amas y que has amado
Cómo sortear el apocalipsis y
Toda clase de cuadro definitivo

IV

Una oración
Con tu índice y tu pulgar
Juntos
Contra lo que está por venir
La dicha rompiéndote
En mil pedazos
La dicha
Atragantada
Y hasta por las narices
La brisa se sosiega
Y la música cambia

But you remember nothing
Because surviving
Is a forgetting
Because this thing of being a poet
Consists of a radical forgetfulness

III

The die is cast
The wind lifts your hair
Or your premature baldness
From the left-hand window
And from the other window
You observe the apocalypse undaunted
Your mother taught you an effective
Prayer to elude it
That you have only stuck to
In life
To honor your mother
That you love and have loved
How to navigate the apocalypse and
Every kind of definitive scene

IV

A prayer
With your index finger and thumb
Together
Against what is to come
Joy breaking you
Into a thousand pieces
Bliss
Choked
All the way to the nostrils
The breeze calms down
And the music changes

Tu puño cerrado te alcanza
Para guardar el secreto
Un beso que sabrá calmarte
Un abrazo para soportar
El desbordante cariño de todos
Unas lágrimas transparentes
A través de lo que todavía
No ha sido
Pero seguro va a ser

Your closed fist reaches up to you
To keep the secret
A kiss that will know how to quiet you
A hug to hold up
All our overflowing love
Some transparent tears
Through what still
Has not been
But will surely be

## [Nada más con los palos]

Nada más con los palos
Y sobre el cuero de chivo
La poesía salvándote
De la muerte
Y rescatándote de la vida
Por qué
Qué es esto
Desde cuándo y cómo
Tus piernas prendidas
Y mudas
Como debe de ser
Y casi nunca ha sido
Un muelle y luego un barranco
Nunca a la inversa
Donde la educación termina
Comienza la aventura
Y a veces la dicha
Como ahora
Aunque mi rededor se halle
Repleto de curiosos
Y al lado se oiga no se qué música
Pero no la mía
Hecha de palos y recuerdos
E ilimitada gratitud
Pero cómo no
Si todavía nos falta saborear el viento el aire
Andino y amazónico
El que está a la orilla del agua
Y el de muy dentro del mar
Mi palo y mi chivo
Deslizo adrede esta frase
Popular
Para cazar advenedizos
Aprendices de la cultura

## [With just the oars]

With just the oars
And on a goatskin
Poetry saving you
From death
And rescuing you from life
Why
What is this
Since when and how
Your legs fastened
And mute
As it should be
And almost never has been
A pier and later a ravine
Never the inverse
Where education ends
The adventure begins
And sometimes bliss
Like now
Although my surroundings are
Full of busybodies
And music I don't know plays nearby
I just know it isn't mine
Made of oars and memories
And boundless gratitude
But why not
If we still haven't savored the Andean and Amazonian
Wind the air
That's at the water's edge
And comes from deep in the sea
My oar and my goat
I deliberately let out this popular
Phrase
So as to catch the upstart
Apprentices of culture

Nuevos en el subjuntivo
Que es siempre la poesía
Pero abrase visto
Perdiendo nuestro tiempo en lectores
Y críticos
En los cuales con toda el alma
Confío
Creo en los lectores
Comulgo todos los días con ellos
Y les imploro por un quítame
Estas pajas
Dorado veneno fino aromático
Caro para estos tiempos de angustia
Reboto en la carambola
Vuelvo a insistir
Pico y me deslizo
Y me sostengo con mis puros abdominales
En equilibrio mi hipnotizado brazo
Nuestra palada de arena y nuestro vibrato
Contra el chivo
Porque hemos muerto y hemos visto
Y todo eso
Pero nunca hemos dudado
Una fe de pantera
Siempre hemos tenido
Cuando a los quince años
Seguro nos conocimos
Unos ojos en otros
Un cántaro en otro
Lentamente desbordados

New to the subjunctive
That poetry always is
But did you ever...!
Wasting our time on readers
And critics
In whom with all my soul
I trust
I believe in the readers
I commune with them every day
And I implore them
Just for the hell of it
Gilded poison fine and aromatic
Expensive for these anguished times
I rebound make a carom
I try again cueball clicking rails
Peck and slide on out
Hold myself up just with abdominals
My hypnotized arm is in balance
Our sand scoop and our vibrato
Against the young goat
Because we've died and we've seen
And all that
But we've never doubted
A panther's faith
We've always had it
When at fifteen
We surely met
One set of eyes on another
One jug slowly overflowed
On another

## La lengua apenas

*Para Magdalena Chocano*

La lengua apenas
Pegada al paladar
Como cuando uno descubre
El sabor la compañía el amor
Una lengua destrabada
La tuya
Pero no menos en control
En manos del aire
Y hacia lo invisible
Que nos viste
Una migaja para estar
Alegres y uno a uno
Nomás con el agua
No hay diferencias entre tú y yo
Tampoco analogías
Ni singularidades
Dos cantos rodados
Hacia la felicidad
Dos en uno pegados
En la ola
Dos ni ninguno ni nadie ni nada
Con la noche en medio
Y en medio de la noche

## The tongue barely

*For Magdalena Chocano*

The tongue barely
Stuck to the palate
As when
One discovers
Tastiness companionship love
A tongue untied
Yours
But still in control
In the hands of the air
Going toward the invisible
That dresses us
In scraps so we'll be
Happy and one by one
With just water
There are no differences between you and I
No analogies
No singularities
Two pebbles rolled
Toward happiness
Two pulling one by one
Along the wave
Two or none or nobody or nothing
With the night in between us
In the middle of the night

## Mique

I

Un juguete de perro consiste
En un exo-esqueleto de plástico
Y un redondo blader por corazón
No he confiado nada más
Que en ti
Pero cómo no decir no creer
No estar agradecido
Si me muero hoy mismo
De qué doy testimonio
De que ella existe de que ella es bella
De que ella no te traiciona

II

Un gorrión sale de entre el agujero
De una rata
Y mi amor desde un lugar hosco
Un pasadizo compacto
De atemorizados o de indiferentes
Un amor que jamás fue ciego
Porque te abrió los párpados
Como a la fuerza ella misma
Y te obligó a que miraras
Por sobre el fango la piedra el dolor
Por sobre la indiferencia más compacta

III

Amo la poesía
Me hinco de bruces
Junto las manos y me persigno
Eso he aprendido

## Mique

I

A dog toy consists
Of a plastic exoskeleton
And an inflatable bladder for a heart
I never trusted anything
But you
But how not to say, not to tell
Not to be grateful
If I die this very day
To what do I bear witness
That she exists that she is beautiful
That she will not betray you

II

A sparrow arises from the burrow
Of a rat
And my love from a rough place
A narrow corridor
Of frightened or indifferent people
A love that was never blind
Because it opened your eyelids
By sheer force
And obliged you to look
Over the mud the stone the pain
Over the densest indifference

III

I love poetry
I kneel face down
I press my hands together and cross myself
I've learned to do that

O a aquello la relaciono
Como un infante como un incivil
Con sus dos centímetros de frente
Aunque Mique mi perro
Mejor agradece con toda la cadera
Las orejas las patas en fin
Con todo su joven y brioso cuerpo
Porque la poesía ha venido
Porque su dueño ha regresado

IV

El oro solo brilla al sol
Aunque en la oscuridad
Tiene un destello
De corneas de reptil
O de mirada de madre ya fallecida
Siempre pensé
Que tenía que nacer de nuevo
Deslizarme y resbalar otra vez
Por eso no entiendo por eso no acepto
Una poesía que invite al callejón sin salidas
Al unidimensional sonido de latón
De la ironía
Acertó Rilke, el beato; acertó Kafka, el místico;
Acertó Vallejo, el Inca sumergido; acertó Emily
Y también Amy, a la que ahora mismo escucho
Con deleite
La poesía existe. Absolutamente transcultural
E intergaláctica. Y multi-temporal.
Un pollito que resbala
Entre tus dedos desconcertados.

Or relate poetry to it
Like an infant, like a misfit
With a two-centimeter forehead
Although Mique my dog
Shakes his whole back end in appreciation
His ears his paws anyway
His whole glorious young body
Because poetry has come
Because his owner has returned

IV

Gold only shines in the sun
Although in darkness
It has a gleam
Of reptile corneas
Or a deceased mother's gaze
I always thought
I had to be born anew
To slip and slide down again
That's why I don't understand that's why I don't accept
A poetry that invites us down a dead-end street
To the unidimensional sound of brass
Of irony
Rilke, the blessed, got it right; Kafka, the mystic, got it right;
Vallejo, the submerged Inca, got it right; Emily got it right
And Amy too, to whom I now listen
With delight
Poetry exists. Absolutely transcultural
And intergalactic. And multi-temporal.
A chick that slips
Between your tangled fingers.

## Siete años de edad

I

Habíase una vez la poesía la dicha el sol
Sobre uno de tus párpados sobre el otro
La noche oscura y más empecinada
Brea negra crudo petróleo
Había una vez tus alas como de ángel
Caído y levantado por la poesía misma
Las pequeñas piedras respiran juntas
Mucho más hondo e intenso
Que las rocas solitarias
Un rayo de sol no fue suficiente
Palanquear tus párpados reavivar
Tu mirada fue necesario
Algodón peruano piel de mango
Muymuyes en mágica estampida

II

Para que compartan conmigo
Para no asustarlos
Para mantenerme
En el término medio
Dentro del decoro
Y la verosimilitud
Juguemos a la función
Fática del lenguaje
Aló aló aló aló
Hasta el infinito
De este breve
E intransitivo poema.

## When we were seven

I

Once upon a time there was poetry joy sun
On one of your eyelids on the other
The night dark and persistent
Black tar crude oil
Once your wings were like an angel's
Fallen and lifted by poetry itself
The little stones breathe together
Much more deeply and intensely
Than the solitary rocks
A ray of sunlight was not enough
To pry your eyelids open to reawaken
Your gaze and more was needed
Peruvian cotton mango peelings
Sandcrabs on a magical stampede

II

So they will share with me
So as not to frighten them
So as to stay
On the middle course
Within decorum
And verisimilitude
We play to the phatic
Function of language
Hello hellohellohello
All the way to the infinite term
Of this brief
And intransitive poem.

III

El viento viene en vano
El socorro no viene
Pero viene la luz
Directamente
Un colirio vaciado por entero
Entre la claridad que no veo
Y el aire que no toco
Ni la mejilla que va contra la tierra
Ni la soledad
Que es tu honda compañía.

IV

Amé amamos nos adoramos nos morimos
Sin decir esta poesía es mía
Esta vida es mía
No prestada no imitada
Mía entre nosotros
Una turba de gatos de ratas
De mariposas desafiantes
Cualquiera de éstas da lo mismo
Toco la primera tecla escojo
La primera habitación disponible
Me voy con el primer hombre
O con la primera mujer
O con el primer animal
Que pase frente a mi puerta
Un viento ya soy un aire
Transparente
Algo que nos fue cobrando
Sistemáticamente la vida
Pero nos devolvió con creces
La poesía

III

The wind comes in vain
No help arrives
But the light comes in
Directly
Collyrium emptied completely
Into the clarity I don't see
And the air I don't touch
Nor the cheek laid against the earth
Nor the solitude
That is your deep presence.

IV

I loved we loved we adored each other we died
Without saying this poetry is mine
This life is mine
Not borrowed, not imitated
Mine among us
A mob of cats and rats
Of defiant butterflies
Any of these, it doesn't matter
I play the first key I take
The first available room
I leave with the first man
The first woman
Or the first animal
That passes by my door
A wind already I am a transparent
Breeze
Something life was collecting from us
Systematically
But that poetry
Returned in spades

## [Una mano toca tus añorados cabellos]

Una mano toca tus añorados cabellos
La otra permanece atónita
Dentro-fuera de la pecera
Todas las cosas que son los años
Transparencia y beso en el horizonte
Si eso puede existir
Si aquello puede
Entonces también procuro
Ensayo abro mi corazón
Raíz oscura de zona andina
Cómo he de morir tocar picar
Sobre el ícono cierto
Abandono del todo
Abandonado del todo
Consolado ciego cierto

# [One hand touches your longed-for hair]

One hand touches your longed-for hair
The other remains thunderstruck
Inside-outside the fishbowl
Everything the years are
Transparency and a kiss on the horizon
If this can exist
If that can
Then I'll try too
I'll practice
I'll open my heart
Dark Andean root
How can I die touch peck
At the true icon
Complete abandon
Completely abandoned
Consoled blind certain

## [Ver al otro envejecer]

*Al recuerdo de mi madre*

Ver al otro envejecer
Como un estilo como una canción
Como una película que te dio
A la salida del cinema
Un resto de inspiración fuerza u orgullo.
No vale lo que sentirás luego
Antes que el cuerpo incline la cabeza
Y apague el aliento
Y tú no acredites lo que ves
Ni menos a lo que ahora te aplicas:
Poner horizontal al cuerpo
Y juntar sus como lejanas manos
Mientras su corazón aún te mira.
Entre el tiempo pasado
Y el futuro más remoto
Todavía
Entre el vértigo de lo que uno no es
Sino sólo nuestra madre
Y su émbolo
Y el carrusel de sus brazos
Para mirar
Entre las musarañas y el mal
Entre lo mío lo propio
O el desasosiego
Una mano abierta
Mariposa o picaflor
Nos revolotea y nos hace reír.
Escribo pero no te escribo
Es redundante
Restauro el cordón umbilical
Que está partido
Que está enterrado

## [To see someone age]

*In memory of my mother*

To see someone age
Like a style, like a song
Like a movie that at the exit
Left you remains of inspiration
Strength pride
Isn't nearly what you'll feel later
Before the head tilts down
And the breath subsides
And you don't believe what you see
And even less what you're doing:
Laying the body out
And joining hands that seem distant
While her heart still watches you.
Between time past
And the farthest future
Hanging on
Turn-sick amid what we are
And what our mother is
And her piston
And the carrousel of her arms
To look
In distraction and suffering
Through what is mine all my own
Or in disquiet
At an open hand
A butterfly or hummingbird
Flutters around us and makes us laugh
I'm writing but not to you
It's redundant
I'm repairing the umbilical cord
That's broken
And buried

Y a eso me avoco
Porque así se está dando
Y porque he llegado a viejo
Mi perro muy inquieto
Ausculta mi cabeza
Ausculta mi mirada
Ausculta mis lágrimas
Y por fin se sosiega
Y mueve blandamente la cola
Y se esfuma como una lagartija

And to this I stick
Because it's how things are going
And because I've come to old age
My dog all restless
Scrutinizes my head
Puts his ear to my gaze
Auscultates my tears
Calms down finally
Moves his tail softly
And vanishes like a lizard

## [Miro la herida]

> *La voz hidrata el texto más reseco*
> *Kenneth Goldsmith*

Miro la herida
Que me infligió la correa
De la cual por un momento
Mi perro se liberó
Mi muñeca contra el césped
La correa quemando
Mi cabeza hacia mi perro
Y un poquito más allá
Hacia la cuna
A la que se dirigía mi perro
Que no muerde pero ladra
Feísimo
Y es como si mordiera
Mi muñeca sin piel
Hasta casi ahora mismo que
--y luego de varios días-- cicatriza
Donde justo iría la correa del reloj
Una costra humana en vez de la esfera
De la que mi perro me liberó

## [I look at the wound]

*The voice hydrates the driest of texts*
*Kenneth Goldsmith*

I look at the wound
I got from the leash
My dog escaped for a while
Wrist against grass
The burning leash
My head toward my dog
And a bit further on
The bed that cradles him
And he set off for
My dog who doesn't bite but barks
Terribly
As if to bite
My wrist skinless
Until just about now
--days later-- a scar forms
Right where the watchstrap would go
A human crust
In place of the dial
My dog uncuffed from me

## [Cuando el tiempo lo estime]

Cuando el tiempo lo estime
Como una puerta que se abre
Para jugar
Y olvidarme de todo
De mis padres de mis hermanos
Y del mismo Dios
Cuando sólo esté conmigo
Y con todos
Estas criaturas frágiles y falibles
Que somos todos
Y nos pongamos juntos
Todos a jugar y a comer cosas ricas
Luego de compartir tus fichas
Y tus arañas como gozosas
Sin ser de plástico
Y con la luna
Y con el amor libre entre todos
Como niños
Pero que no son niños
Porque sienten y tienen calor
Y buscan consuelo
Entre sus abrazos y sus besos
Su conexión profunda
Por la pinga y la por chocha
No me digan
No me digan
Unas criaturas que son creación inútil
En términos de felicidad
Porque pueden tenerla más intensa
Que Dios mismo
Todos los hombres que han hablado en su nombre
Hasta ahora
No han gozado.
Quizá Spinoza lo intuyó

## [When time deems it]

When time deems it
Like a door that opens
To play
And forget everything else
Parents sisters brothers
God himself
When just he is with me
And with everyone
These fragile and fallible creatures
That we are
And we all get together
To play and eat lusciousness
After you share your cards
And your juicy spider
Not the plastic ones
And by moonlight
Free love among us all
Like children
That are not children
Because they feel heat and are hot
And seek consolation
Raveled in kisses
Their deep connection
Through the cock and the vulva
Don't tell me
Don't tell me
That some creatures are useless creations
In terms of happiness
Because they can have it more intensely
Than God himself
All the men who have spoken in his name
Up until now
Have never known glory
Perhaps Spinoza sensed it

No estoy seguro
Porque Spinoza intuyó y vio el doble
A través de los espejuelos que fabricaba
El hombre dejándose llevar por la gracia
Entre un mundo de fanáticos y de ricos y de poderosos
Y de locos
Dios al que tú más bien consuelas
Y se acerca a tu hombro roza tu mejilla
Se está lelo atónito agradecido
Descuidado de su creación
Y atento a la tuya
En otros sentidos
Dios no tiene absolutamente que ver con nosotros.

I'm not sure
Because Spinoza perceived and saw his double
Through the lenses he ground
Yielding led by grace
In a world of fanatics the rich the powerful
And the insane
A God you have to console
Draws near your shoulder brushes your cheek
He is being stunned astounded grateful
Negligent of his creation
And intent on yours
In other ways
God has nothing at all to do with us.

## [Un espacio en blanco]

Un espacio en blanco
Un espacio en negro
Eso ya lo supe y eso ya lo sabía
Un lampazo superficial y un brochazo apenas
Un beso breve antes de la partida
Y tu corazón con sus tijeras rebosantes
Danzando y muriendo y viviendo
Como debe de ser
Y justificar la vida entre tantos
Varados peces
Una bocanada de humo sin aterrizar
Así se me supo así se me hubo de ocurrir
Contra el decir y el silencio
Entre callejeros u onanistas ecos
Entre militantes y maniatados
Hasta las tripas por el poder
El estómago y el lenguaje y la ignorancia y la sabiduría
Maniatados
Desde la ventana undécima de aquel dintel
Todo un limpio clavado para salir indemnes

## [A blank space]

A blank space
A black space
I already know that I already knew it
A superficial swab barely a brushstroke
A short kiss before leaving
And your heart jingling with scissors
Dancing and dying and living
As was ordained
And justifying life among so many
Beached fish
A puff of smoke that hasn't landed
That's how I took it that's how it must have happened
Against saying and silence
Among echoes from sordid alleys
Among militants and manacled
Up to the guts by might
Stomach and language and ignorance and wisdom
Manacled
From the eleventh window of that lintel
A nice clean dive to emerge without blame

## [La belleza existe]

I

La belleza existe
Viene y te destruye
Y sólo la reconoces
Entre el estrago
Y las apiladas ruinas
Entre la noche
Que te parió
El día en que fuiste
Entre tu corazón de niño
O aún muy joven
Y lo que has venido a ser
Una suerte de autómata
De viento entre más viento

II

La belleza existe
En miles de lenguas
Y es políglota
Y es fiel
Y desde los pies a la cabeza
Te ve
Y a veces muere
Pero a menudo
Resucita
Y te rescata de lo que
Nos entendemos
(Escribo para entendedores)
Y para transidos de belleza
Y dolor
Y soledad

## [Beauty exists]

I

Beauty exists
It comes and destroys you
And you only recognize it
Between desolation
And piled-up wreckage
Between the night
That brought you forth
The day you left
Between your child-like
Or tender heart
And what you have come to be
A kind of automaton
Of wind amidst more wind

II

Beauty exists
In thousands of languages
It's a polyglot
And faithful
And it sees you
From head to foot
And sometimes dies
But is often
Reborn
And rescues us from what…
Well, you get it
(I write for those who do)
And for anyone overcome by beauty
And pain
And solitude

Y dudas
Y menosprecio
Y anonimato
Y frustración
Y sinsentido
Pero ella viene y va
Pero ha venido

And doubt
And scorn
And anonymity
And frustration
And senselessness
But beauty comes and goes
But it has come

## [Inevitable]

Inevitable
Ir venir subir bajar
Morir vivir
Repudiar desear
Una mano abierta un ave
Unos labios cerrados
El horizonte
Y la luz que se proyecta
El sol mismo dentro de ti
Isleños todos
De las montañas también
De lo expuesto y de lo oculto
Nuestra dieta cotidiana
Nuestro balance diario
De algas y de flores
Del semejante jardín
No nos iremos con el secreto
De lo que es Trilce:
Un cronotopo
De la plenitud y de la alegría
O a la inversa
No nos iremos sin lo que hemos soñado
Y cazado como en la siesta de un perro
Nervioso anhelante sin mayor control
Un perro asustado por los fuegos artificiales
Y por el pique de los autos y del televisor
Extemporáneo perro y sabueso de osos
Y sabueso de Trilce:
Dos zorros dos pastores
Un canto alternado entre la lluvia y el sol

## [Inevitable]

Inevitable
To go to come to climb to fall
To die to live
To repudiate to desire
An open hand a bird
Some closed lips
The horizon
And the light that projects from it
The sun itself within you
Islanders all
Mountain dwellers too
In the exposed and the hidden
Our quotidian diet
Our daily measure
Of seaweed and flowers
From a garden growing both
We will not depart with the secret
Of what Vallejo's *Trilce* is:
A chronotope
Of plenitude and happiness
Or the inverse
We will not leave without what we dreamed
And hunted like a dog in its nap
Nervous longing without much control
A dog frightened by fireworks
And the screeching of cars or tv
Dog out of place, bloodhound of bears
And bloodhound of *Trilce*:
Two foxes two shepherds
A song alternating between rain and sun

## [Muerto ya]

> *Pero cómo serán mis despertares Cada vez que despierte avergonzada*
> Chabuca Granda

Muerto ya
No los recuerdo
Tampoco los veo
Ni echo de menos
Ni extraño necesito deseo
Pero
Cómo serán mis despertares
Cuando se vive todo es vida
Cuando se muere
Y si la poesía
La flor abierta a veces
Abierta en mi mirada
Pero cómo serán mis despertares
Sin madre sin amor sin hija
Sin nada que me identificara
Sin luz y sin noche
Y sin Germán, mi querido hermano,
Del modo en que comulgo a cada pena
Con él
A cada rasposa y disolvente alegría
Tanto amor
Y avergonzada

## [Now dead]

> *Pero cómo serán mis despertares Cada vez que despierte avergonzada*
> *Chabuca Granda*

Now dead
I don't remember you
Or see you
Or long for you
Or need miss desire you
But
How will my awakenings be
When you're alive everything is life
When you die—
And if poetry
The flower sometimes open
Is spread out in my view
But how will my awakenings be
Without mother without love without daughter
Without anything to identify me
Without light without night
And without Germán, my brother beloved
From the way I commune in every sorrow
With him
In every rough and dissolving happiness
Such love
And so ashamed

## [Aves alas]

I

Aves alas
Pezuña búfalo
Mujer espada
Y negra hasta los sesos
Noche absoluta
En la cual me pierdo
Y me sobresalto
Alarmantes temblores
Los suyos
Alarmados mis propios sesos
No desear más
Anterior a esta fatiga
Dejarlo todo
Renunciar a todos
Vagar y contemplar
Allá lejos
Aquí tan cerca

II

Gaspare me comenta
Que no le importa ya nada
Que pasó la aspiradora a su cuarto
Luego de seis meses
Solamente por inercia
Por cumplir por estar ahí
Porque su hijo menor duerme cerca
Ojos tragos miradas amistosas las nuestras
¿y a nosotros?
¿y a nosotros salvo esta alfombra
Mágica
Alguna otra cosa nos interesa?

## [Birds Wings]

I

Birds wings
Hoof buffalo
Woman sword
Black right up to the brain
Absolute night
That I get lost in
And startled in
Unsettling tremors
Theirs
My own brains on alert
To desire nothing
Beyond this breathlessness
To leave everything
To renounce everyone
To wander and contemplate
Out there
Right here

II

Gaspar tells me
He doesn't care about anything now
He vacuumed his room
After six months
Out of pure inertia
To do his job to be there
Because his youngest sleeps nearby
Eyes drinks friendly glances ours
And us?
Does anything but this magic carpet
Interest us?

Uvas en racimo uvas tersas
A nada más que a unos pocos soles el kilo
Hallazgo en las inmediaciones del mercado
Y sobre una discretísima vereda
Aquella tan discursiva jaba de uvas
Y su romana
Caribeña quechua egipcia
Qué más da
Sólo aspirar sus mejillas
Sólo volvernos dementes
Entre sus nalgas vastísimas
Como del tamaño de la noche
Por donde entera pasa nuestra sombra
Hasta la basta

III

Nosotros y nuestra generación
Pequeña bola de muertos
Que existimos e insistimos
En pasar por avivatos
Como si tuviésemos finalmente
Alguien a quien engañar
Generación de cuyes pequeños
Medianos y grandes
Todos primos de las ratas
Así como suena
Con nuestro labio superior e inferior
Invariablemente
Rasurado a medias
Y aunque lo maquillemos
Poesía cotidiana
A entregas regulares y sin riesgos

Grapes in clusters tender grapes
At just a few *soles* per kilo
A find at the edge of the market
That half-hidden sidewalk
That terribly discursive crate of grapes
With its Roman scale
Caribbean Quechuan Egyptian
It doesn't matter
We just have to inhale their cheeks
We just have to lose our minds
Between their buttocks
Vast as the night
Night our full shadow passes through
Up to its end

III

We and our generation
Little bunch of dead folks
That exist and insist
On passing for wise guys
As if we finally had
Someone to trick
Generation of guinea-pigs small
Medium and large
All cousins of rats
Just like that
With our upper and lower lip
Forever
Half shaved
Even if we put gloss on it
Poetry daily
In regular installments and without risk

# IV

# Culo bendito

IV

Blessed ass

## [Ahora que aún estoy vivo]

Ahora que aún estoy vivo
Acompáñame poesía
Siempre te amé
Siempre me amaste
Como una madre perdonavidas
Como un padre ausente
Será una pena morir y no poder ya
Llorar de alegría de gratitud
Por tu discreta presencia
De hecatombe
Por la sola mención de tu nombre
Que llena esta página y contradice
Al más arbitrario de los escépticos
Al más osado de los mediocres
Poesía viva
Poesía muerta
Poesía rediviva

## [Since I am still alive]

Since I am still alive
Stick with me poetry
I always loved you
You always loved me
Like a mean mom
Like a deadbeat dad
It'll be a shame to die and never
Cry from happiness from gratitude
For your discreet hecatomb
Presence
At the mere mention of your name
That fills this page and contradicts
The most arbitrary of skeptics
And the boldest slouch
Living poetry
Dead poetry
Poetry resurrected

## [El dorado el numen lo molar]

El dorado el numen lo molar
De la literatura
Constituyó otro de los embustes
De los indígenas
Llegado hasta nosotros
Y re-apropiado y debatido
Por académicos u ociosos
En la forma de periodificaciones
Proto-textos
E intertextualidades
Sin reparar en la mano
Que oculta
En el pez que se transforma
En el anfibio que hemos olvidado
De ser
Y que en realidad somos
Y que fueron aquellos salvajes
Y su genial tomadura de pelo
--de corte de cuero cabelludo
y de fundamentales sesos al rape, más bien—
Y por lo cual boqueamos al cielo
Y elevamos nuestras frustraciones
Al otro mundo
Mientras en éste no nacemos
De cinco huevos
Sino sólo de uno
Y todo el conocimiento posible
Es una puerta remachada de clavos
De la cual incluso
Los amos de llaves han olvidado
O perdido u ocultado o tragado las suyas
La carta de despedida de Miguel Grau
Dirigida a su esposa

# [The gilded one the spirit the grinding-stone]

The gilded one the spirit the grinding-stone
Of our literature
Was another trick
Of the Natives
That has come down to us
And been re-appropriated and debated
By academics and idlers
In the form of periodizations
Proto-texts
And intertextualities
They did not notice the hand
That hides
In the fish that transforms itself
Into the amphibian we've forgotten
To be
And that we actually are
And that those savages were
Their greatest leg-pull
Was scalping
Or rather, a close shave of the brain—
Because of which we lie gasping to the sky
And offer our frustrations up
To the other world
While here we are not hatched
From five eggs
Like the god Pariacaca
But from just one
And all possible knowledge
Is a door riveted with nails
That even
Its keepers have forgotten
Or lost or hidden or swallowed their keys
Miguel Grau's farewell letter
Addressed to his wife

O aquello de *bañarnos con la india desnuda/ en chorro/ donde sólo alguna agua nos vea*
O los versos de Trilce que son
Las mismas venas de nuestro corazón
Salvan reacomodan enmiendan
Los entreverados naipes
Que encontró Guamán Poma de Ayala
Su inenarrable dolor de pies
Luego todo es vacío y un aparente
Ir más allá de ello
Un más allá sin más allá
Sólo una balsa abandonada y unos monos
Hacinados unos encima de otros
Ningún otro secreto salvo
El mismo espejo que insiste
En mis arcos superciliares
De jabalí
En mis abundantes canas de lechuza
Habrá que hacer esa otra historia
De las literaturas peruanas entonces
Impávidos
Experimentar el poema en nosotros mismos
Pasar el pocillo de licor
Entre todos
Aves reptiles seres sin patas
Y humanos
Habrá que sentir que estamos al frente
Y en la mismísima cubierta
Desnudos solos tirados al vacío
Sostenidos por el aire y algunos sonidos

Or that scene from Martín Adán
*Bathing with the naked Indian girl / in a jetting stream /*
*Where only some water sees us*
Or the lines of *Trilce* that are
The very veins of our heart
Saving, arranging, mending
The intermingled playing-cards
That Guamán Poma de Ayala discovered
His indescribable footache
Then all is emptiness and an apparent
Move beyond
A beyond with no beyond
Aguirre's abandoned raft
And some monkeys
Piled on top of each other
No other secret but the mirror
That stubbornly reveals my boarish
Browridge
My owlish shock of white hair
We'll have to write that other history
Of Peruvian literatures then
Intrepid
Experience the poem in ourselves
Pass the cup of liquor
Among us all
Birds reptiles beings without legs
And humans
We'll have to feel we're in charge
And right up on deck
Naked alone cast to the void
Sustained by the air and some sounds

## [Este no es un poema moderno]

Este no es un poema moderno
Si lo moderno se entiende o se canjea
Por ironía
Siempre paré bolas a Rilke
Imberbe teniente de más de sesenta años
No soy irónico
No soy moderno
Hasta las costillas me llega el agua
De la fuente
Como a la isla o como al sol
En el crepúsculo
Y esto me hace directamente reír
O cocinarme en dolor
Pero ahora compongo el poema
Ya sin vos
Basta con que vinieras un ratito
Y de buena gana
Fue más que suficiente
Así que toco de memoria
O sigo distinta cancion
Cualquiera otra
Aunque con la izquierda
Mantengo el tema y el tono
Tu identidad y nuestro secreto
Tus castos besos de colegiala

# [This is no modern poem]

This is no modern poem
If modernity is understood as irony
Or traded for it
I always kept my eye on Rilke
Beardless lieutenant over sixty
I am not ironic
I am not modern
The water creeps up my ribs
Straight from the source
As onto islands or the sun
At twilight
That makes me laugh outright
Or steep myself in pain
But now I am welding this poem
Without you
If you'd just sit with me a while
If you only wanted to
It would be enough
But I play by heart
Or strum a different song
Any other song
While with my left hand
I keep to my theme and tone
Your identity, our secret
Your chaste schoolgirl kisses

## [Utterly defenseless]

Utterly defenseless
In the face of poetry
A haggard monster
With a dog's snout
But dry and stinking
And a knowing woman's gaze
Poetry being a man
And pupils, never stare at them,
Like a mother's nipples
Full and pointing
My poetry, foul and redeeming
Of death and life
And joy
Poetry written by hand
And by music, and by keener sounds
Friendship kills, and love
Is the worst
A filthy rat looks better than my poetry
An assassin is less intimidating
In comparison a jowly witch
Hardly frightens us
But at the same time my poetry
Is surely my mother and my father too
Both red and one against the other
A wide and ever more magnetic smile

## [Desprotegido del todo]

Desprotegido del todo
Ante la poesía
Un monstruo macilento
De hocicos como los de mi perro
Más bien secos y hediondos
Y mirada de mujer experta
Siendo la poesía un hombre
Y pupilas, nunca las mires,
De pechos de madre
Llenos y poderosos y prestos
Mi poesía hedionda y salvadora
De la muerte y de la vida
Y de la alegría
Poesía de puño y letra
Y de música y tan entrañables sonidos
La amistad mata y el amor
Ni qué se diga
Una rata inmunda luce mejor que ella
Un asesino intimida menos
Una bruja quijaruda en comparación
Ni nos espanta
Pero así mismo como ella es
Es seguro mi madre y también mi padre
Roxos los dos y uno contra el otro
Una amplia y cada vez más imantada sonrisa

## [Tu verso no oculta la saliva]

Tu verso no oculta la saliva
Ni el chasquido de tu lengua
Cuando interpretas
Esto lo hace aún más encomiable
Porque hace palpable a aquélla
Que lo visita
Y hace de las palabras
Las cuales son las de todos
Tan sólo un milagro previo
Algo así como el amor
Algo así como la bondad
Algo así como la inocencia
Que no nos pertenece
Ni menos nos obedece
Un punto de saliva
Que es como decir una
Puerta
Un pensamiento que pugna
Una suerte de emerger
Desde lo cotidiano
Aquella cabeza en *Apocalipsis now*
Y sin ayahuasca ninguna
Pero sin dejar de estar aquí
Puro juego de gracia y de gratitud
Observando el horizonte
O nuestra cintura
También entre el día y la noche
Entre el fango y lo que ha de ser
El sol por todas partes
Y no menos el sentido
Fuera y dentro de la piedra
Sol donde no hay sol

## [Your verse doesn't conceal the saliva]

Your verse doesn't conceal the saliva
Or the clicking of your tongue
When you read
This makes it all the finer
Because it makes those who draw near
Palpable
And makes the words
Which belong to all
Only a prior miracle
Something like love
Something like kindness
Something like innocence
That does not belong to us
And obeys us even less
A drop of saliva
Which is like saying a door
A striving thought
A kind of emergence
From the everyday
That head in *Apocalypse Now*
No veil no tools no ayahuasca
Resolutely here
Pure play of grace and gratitude
Looking out at the horizon
Or the line of our waist
Also between day and night
Between the mud and what will be
Sun everywhere
And just as strong the sense
Outside and inside the stone
Sun where there is no sun

# LA MIRADA

**Traducido por SASHA REITER con Isaac Goldemberg**

# THE GAZE

**Translated by SASHA REITER with Isaac Goldemberg**

# TRANSLATOR'S INTRODUCTION

Translating Pedro Granados' work has been an unforgettable experience. At first glance, his poetry appears minimalistic in nature, but as we began the translation, we discovered that this minimalism is the facade of ambiguity and double, or even triple meanings. Fixed meanings have no place in his poetry, and his imagery shifts before your eyes depending on the position of the surrounding language. He shifts our viewpoint many times over, using the act of gazing to express a correspondence with the spiritual act. Granados keeps us entranced by the sun throughout his work, using the star as a light source and a symbol of intellect and spirit. Together, gazing at the sun, or having it gaze at you brings you to a special understanding of reality.

Granados' poetry is truly "action packed" and takes on a theatrical quality. In many of his poems, the speaker seems to leap from one stage to another; characters enter and exit the stage like actors, pulling together a choreography of words. Granados' enjoys his writing process, as evident by the way he plays with language constantly. At times, the speaker is both colloquial and literary, giving them a dual personality, and allowing the poems to change based on the way you look at them. The playfulness with which Granados writes posed a great challenge when translating his work, as we tried to maintain the playful and kaleidoscope effect of his work, while respecting the atmosphere of his poems. As Granados ebbs and flows his dialogue, we struggled to keep up in a different language.

As he melds together street language and Latin-rooted dialect, colloquial words and phrases in Spanish translate as academic or highbrow in a Latinized English. Therefore, keeping the shifting dialect and integrity of the translation itself became a journey of its own. In many cases, we opted for Germanic-rooted equivalents, to mimic a colloquial, yet expressive language. When comparing Latinized with Germanic words, we had to remain aware that in English, the former could sound too academic, and not colloquial enough, the latter would miss the meaning and effect of Granados' choices. So we had to interpret the poet's objective and create a balance between the two kinds of expression.

Each line in Granados' poems links together in such a way as to offer different meanings if tied to the precedent or the following line. So, the question arises: How to make the syntax in English read as close as possible to the Spanish syntax, avoiding having to explain prosaically what the image in English means? By paying attention to the following in relation to each line: its length, the number of words, the length of the words, their musicality. We tried to imagine each line as a guitar chord which, when struck, in Spanish, had to emit the same or similar sound in English. The lack of punctuation in his work, a quality that needed to be kept in the translation, meant finding alternative wording in order to keep the lines from meaning something totally different in English than they would in Spanish.

Since in many of the poems in this collection Granados talks about Poetry, *La Mirada* (*The Gaze*) could be read, among other things, as an Ars Poetica. An Ars Poetica, in which the speaker reveals his relationship with words, capturing with language what the eye sees. There is a question being asked constantly: how precise is language in naming reality? We as translators have tried to carry over that tension to the versions in English. A question we faced and brought to the English translation unintentionally was: Can one language capture the cultural mentality of a different language? There are many cultural (literary and historical: Quechua, the Andes, Vallejo, José María Arguedas-both Andean writers) allusions in Granados' work. On this level, it's interesting to note that both Vallejo and Arguedas dealt with Spanish in their writing from the standpoint of Quechua and their Andean culture.

Also, this collection reveals an Ars poetica whose starting point is the gaze. Through the gaze, the poet creates a relationship with the world, a relationship that has to do with the physical, emotional and cultural reality that surrounds him. In this, Granados has created his own poetic version of Jacques Lacan's mirror stage psychoanalysis. They both seem to state that the way humans relate to the world around us is through a very lonely gaze. One that discovers for us that we are separate from everything, and that we exist in relation to our surroundings. Identity is only meaningful in relation to the outside. When we first see ourselves, when we gaze into that mirror, we recognize ourselves as objects. Granados shows us that we continue to look at the world through this gaze, and it becomes our biggest obstacle and only hope in ever reconnecting with it. Granados gazes at reality through words. The world, reality, emerges from his eye.

Pedro Granados is a special person to work with, as no other author has given us so much of their time, effort and expertise. We were able to discuss the nuances of words and poetic language in both Spanish and English throughout the period of translation. With his collaboration, and the helpful suggestions by Leslie Bary, translator of *Rosoxol* (*Sunredsun*), we were able to accomplish our goal; that is, to render in English not only the meaning, but also the rhythm, fluidity, and musicality of the poems in the original Spanish.

Sasha Reiter

## ACTIVADO

*-No tuve miedo y entré hasta el fondo del callejón desconocido, estaba activadazo (Diálogo callejero)*

Estos poemas forman parte de:
Pedro Granados. *Activado,* Editorial Auqui, Cusco/Barcelona, Perú, 2014

# ACTION PACKED

> *"I was not afraid and walked all the way down the strange alley, I was action packed" (Street dialogue)*

This poems are part of:
Pedro Granados. *Activado,* Editorial Auqui, Cusco/Barcelona, Perú, 2014

## Visión de Lima

La ciudad
Debajo de una serpiente herida
La ciudad mi ciudad
Hecha polvo
Mi madre mi padre
Mis hermanos ausentes
Y esta nube de tierra
Y esta serpiente de tierra
Sobre mi atónito
Y silencioso corazón

## Vision of Lima

The city
Beneath a wounded serpent
The city my city
Turned to dust
My mother my father
My absent brothers
And this cloud of earth
And this serpent of earth
Upon my astonished
And silent heart

## [En cierto momento]

En cierto momento
Aves altas lejanas
Gravedad
En el asiento del autobús
En todas estas cosas
Que nos mantienen en un trabajo
Donde no nos quieren
Salvo alguno que otro
Y donde desde ya
Preparamos la partida
Hacia aquellas aves
Sin muebles
Ni computador
Ni, mucho menos, poesía.
¿Qué sería de nosotros
Si en lo alto lejano
De aquellas aves
También existiese la poesía?

## [At a Certain Moment]

At a certain moment
Distant birds up high
Gravity
On the seat of the bus
On all these things
That keep us on a job
Where we are not wanted
Except by an ocasional someone
And where we already
prepare our departure
Towards those birds
With no furniture
Or computer
Or, much less, poetry.
What would become of us
If in the distant above
Of those birds
Poetry too existed?

## [Cachorros das ruas]

I

Pulpo
Diente de la rata
Descubierto infraganti
Acto oscuro antiguo
Radicalmente inmoral
Que ha marcado
Toda mi vida
Coger de los frutos
En la otra vida siempre
Pegado a tu cuerpo
Y sin manos
"Tanto maíz tirao
Y yo sin pico"
Viejo, anciano
Desde la tierna infancia
Colmado
Por cualquier mezquindad
Satisfecho y hasta feliz
Ante cualquier migaja
Si mi vida fue
Ya nada fue
Sólo ahora
Radiante y constante
A que te pillo
Lector
Aquetepillo
Alicate tijera martillo
Para penetrar la lata

# [Street Puppies]

## I

Octopus
Rat's tooth
Caught redhanded
Ancient, obscure act
Radically immoral
That has marked
My whole life
To gather the fruits
In the next life always
Glued to your body
And without hands
"So much corn on the ground
And I without a beak"
Old, ancient
Since tender childhood
Fed up
With any meanness
Satisfied and even happy
Before any crumb
If my life was
It was nothing
Only now
Radiant and constant
I bet I'll catch you
Reader
IbetI'llcatchyou
Pliers scissors hammer
To penetrate the tin can

## II

Una linda ciudad
Ha aparecido esta mañana
En mi ventana
La observo como un gato
Observa al ratón
Salta la linda
Y no para llamar mi atención
Da cortos rodeos
Se muere sola del susto
Del susto sólo se muere
Quieta permanece
Ante mi ventana
Sin habitantes sin vida salvo
En su circulación de tránsito
En su encandilada y eterna mañana
Como eternos son mis ojos
Y mis manos de pulpo
Y mi mirada de gato
Y mi cuerpo pegado al tuyo
Impotente y estéril
Ante tu belleza de alfileres
De ahogos de lágrimas
Ya incontenibles

## III

Doy de beber al cachorro
Que soy
Al perro da rua
Sahumerio de las ciudades
Única alma justa
Por la cual no se revienta
Esta pecaminosa ciudad
Perro que olfatea todos los días

## II

A beautiful city
Has appeared this morning
In my window
I watch it like a cat
Watches the mouse
The beauty jumps
And not to get my attention
She moves in short circles
She dies alone from fear
Only from fear she dies
She remains still
At my window
Without people without life except
In their in-transit motion
In her dazzling and eternal morning
Just as my eyes are eternal
And my octopus hands
And my cat gaze
And my body glued to yours
Impotent and sterile
In front of your needlelike beauty
Of drownings from tears
By now irrepressible

## III

I give water to the puppy
That I am
To the street dog
Incense of the cities
Only fair soul
Why this sinful city
Does not blow up
Dog which every day sniffs

Nuestras almas
Y por eso va gacha la cabeza
Y con vergüenza ajena
Nos otorga su perdón
Mientras la TV sigue dando
Consejos de vida
A voz llena
Y el pobre predicador
Pasa calor por su saco
Tanto por andar henchido de fe
Para de sofrer Jesucristo viene
Cristo te ama
Y las flores intocadas e intocables
De las ramas más arriba
De los árboles
Donde los ángeles se entretienen
Diminutos ángeles
De las ciudades subdesarrolladas
De ello dan fe.

IV

Bajo la voz al fin
No hay una nube más
En este cómic
Me retraigo
Como el pulpo
Como el gato aburrido
Que soy
Como la rata
Que guarda su diente
Para mayo.
Ángeles de la sombra
Y ángeles de la luz
Hacen migas
Sobre el marco

Our souls
And that's why he walks head down
And with the shame of others
Grants us his pardon
As the TV keeps offering
Life advice
In a loud voice
And the poor preacher
Fares the heat of his jacket
And of his walking swollen with faith
Stop suffering Jesus is coming
Christ loves you
And the flowers untouched and untouchable
On the higher up branches
Of the trees
Where the angels entertain themselves
Tiny angels
From the underveloped cities
Of that they attest.

**IV**

I lower my voice finally
There is not a single cloud left
In this comic
I retract
Like the octopus
Like the bored cat
That I am
Like the rat
That saves its tooth
For May.
Angels of shadow
And angels of light
Make friends
Above my window

De mi ventana
Sobre el marco
Que es esta ciudad.
No los divide sólo
El color de la piel
Sino también el corazón
Pero son ángeles todos.
Perros vagabundos
Tolerantes con nuestra humanidad.
Cachorros das ruas.

Frame
Above the frame
That is this city
They are not only divided
By the color of their skin
But also by their heart
But they are all angels.
Stray dogs.
Tolerant of our humanity.
Street puppies.

## El quechuaespañol

Se llega a él a través de Billie Holliday
También de Amy Winehouse
Ambas del mismo pelo
También de estar de verdad
Un rato contra tu cuerpo
French-Funk-Jazz
Un tango como
"Naranjo en flor"
El río Paraguay al atardecer
Y al amanecer entre tus brazos.
Harare, Zimbawe
Es uno de sus territorios
Y en el camerino
De algún circo bieloruso
Impacientemente espera
Para hablar con aquel pino
De Arguedas en Arequipa
A cada una de sus gradas
Que dan hasta el cielo.
Rehúye los términos
En quechua
O en español
Se reconoce menos
En estos idiomas
Que en muchos otros
O que en el laborioso rasgueo
De una guitarra.
Difícil antologarlo
Hacer un diccionario con él
Aunque de inmediato
Los delfines lo reconocen
Ándate de lengua nomás
Con un leve impulso te basta
Y ya no sentirás
Las dos llantas de tu bicicleta.

# Quechuaspanish

You arrive at it through Billie Holliday
Also through Amy Winehouse
Both cut from the same cloth
Also from truly being
A while against your body
French-Funk-Jazz
A tango like
"Orange Blossom"
The Paraguay River at sunset
And in your arms at dawn.
Harare, Zimbabwe
Is one of its territories
And in the dressing room
Of some Belarusian circus
It waits impatiently
To speak with that pine tree
Of Arguedas in Arequipa
To each one of its steps
That reach the sky.
It shuns the words
In Quechua
Or in Spanish
You recognize it less
In these languages
Than in many others
Or in the rigorous strumming
Of a guitar.
Hard to anthologize it
To create a dictionary with it
Although immediately
The dolphins recognize it
Just let your tongue run loose
And you will no longer feel
The two tires of your bicycle.

# [SI PERDIÉRAMOS LA NOCIÓN DE LAS COSAS]

*Para Antoni Tàpies, i.m.*

I

SI PERDIÉRAMOS LA NOCIÓN DE LAS COSAS
EL ÁRBOL MUY ALTO Y TRISTE
SI NOS QUEDÁRAMOS EN ESTAS
CONJUGACIONES
DE LA AGUDA A LA MÁS GRAVE
PARA QUE NOMÁS INTUYERAS
NUESTRO ESQUIVO CORAZÓN
AL PAPEL Y A LA POESÍA
DOY DE LO QUE ME SOBRA
ASÍ ES ESTO
LO DEL ARTE
SE DA DE LO QUE REBALSA
SI NOS PERDIÉRAMOS POR ALLÍ
ANHELANDO Y CREYENDO
NO LLEGARÍAMOS A NINGUNA PARTE
LA POESÍA
ESTÁ AQUÍ MISMO
Y ME PRODUCE MÁS MIEDO QUE LAS BRUJAS
AUNQUE NO PARECE NI BRUJA NI HADA
EL FUEGO EXPIRA
UNA HEBRA DE ALGODÓN SE RETUERCE
SE CONSUME Y DESAPARECE

II

NADA ESTÁ ESCRITO
ESTE PAPEL OCIOSO
DEL POETA

[IF WE LOST THE NOTION OF THINGS]

*For Antoni Tàpies, i.m.*

I

IF WE LOST THE NOTION OF THINGS
THE VERY TALL AND SAD TREE
IF WE REMAINED IN THESE
CONJUGATIONS
FROM THE ACUTE TO THE MOST GRAVE
JUST SO THAT YOU WOULD SENSE
OUR ELUSIVE HEART
TO THE PAPER AND POETRY
I GIVE FROM WHAT I HAVE EXTRA
THIS IS HOW IT IS
IN ART
YOU GIVE FROM WHAT OVERFLOWS
IF WE SHOULD GET LOST SOMEWHERE
YEARNING AND BELIEVING
WE WOULD GET NOWHERE
POETRY
IS RIGHT HERE
AND IT SCARES ME MORE THAN WITCHES
THOUGH IT DOESN'T RESEMBLE A WITCH OR A
FAIRY
THE FIRE DIES OFF
A COTTON STRAND WRITHES
IS CONSUMED AND DISAPPEARS

II

NOTHING IS WRITTEN
THIS LAZY ROLE
OF THE POET

DE ESPERAR
LA COLACIÓN
DAME DE TUS LABIOS
TOMA CON ELLOS
COMO CON TUS DEDOS
MI BOCA
DOY TESTIMONIO
DE LA POESÍA
DE MI ABIERTO CORAZÓN
LLENO DE ESPINAS
EL CAMINO UN SEGUNDO
NOS TRAJO HASTA AQUÍ
ESTE PENSAR Y SENTIR
POR TODOS
POR TODOS Y POR CADA UNO

OF WAITING
FOR THE MEAL
GIVE ME YOUR LIPS
DRINK WITH THEM
ALSO WITH YOUR FINGERS
MY MOUTH
I BEAR WITNESS
TO THE POETRY
OF MY OPEN HEART
FULL OF THORNS
THE ROAD A SECOND
BROUGHT US ALL THE WAY HERE
THIS THINKING AND FEELING
FOR EVERYONE
FOR EVERY AND EACH ONE

## [Águilas al vino]

Águilas al vino
Mi querido Vallejo
Coger la manta
Y desaparecer
¿Qué es la poesía?
Sino comer de esa presa
Y esconder
Esconderse
Y llorar
Involuntariamente
Si yo te dijera
Si él te dijera
Si nosotros te dijéramos
Ya que no existimos
Sin ti
Entre la puerta giratoria
Tu mirada fugaz
Entre todo este barullo
El leve tono
De tu voz
Aspas largas rotundas
Concéntricas
A la vida y a la muerte
Atados
Mi querido Vallejo
A pesar de desplegar las alas
Y cocinar las piedras
Y parecerme el mundo
Un ínfimo ángulo de mi ventana
A aquello adheridos
Al pozo a la belleza
A la lágrima involuntaria
Jugando con la muerte
Entre la muerte y nosotros

## [Eagles in Wine]

Eagles in wine
My dear Vallejo
To grab the blanket
And disappear
What is poetry?
But to eat from that prey
And hide
To hide oneself
And cry
Involuntarily
If I were to tell you
If he were to tell you
If we were to tell you
Since we don't exist
Without you
Between the revolving door
Your fleeting gaze
Within all this uproar
The light tone
Of your voice
Long rotund blades
Concentric
To life and death
Bound
My dear Vallejo
Despite unfolding the wings
And cooking the stones
And the world seeming
The smallest corner of my window
Joined to this
To the well to beauty
To the involuntary tear
Playing with death
Between death and us

Una tácita partida
Compartiendo el mismo lecho
Con ella
Y saliendo de su casa
Sin saber de modo cierto
Cómo hemos de no retornar
Cómo hemos de perdernos
Cómo hemos de hacer
Para extraviar su llave
De nuestras manos
Y su espera
Y sus ojos y su mirada
Que no entienden tampoco
Cómo hemos de despedirnos
De ella
Sin que nos demos ni cuenta
Vallejo
Un avión de papel se abre en el espacio
Y vuela

An implicit match
Sharing the same bed
With her
And leaving her house
Without knowing for sure
How we will manage to not return
How we will manage to get lost
How we will manage
To misplace her key
From our hands
And her wait
And her eyes and her gaze
Which don't understand either
How we will manage to say goodbye
To her
Without even realizing
Vallejo
A paper plane opens in space
And flies

## Trilce cuarenta y cuatro

El sol detrás de mi cortina
Potente y luminoso
Solo
El de este piano
Arrimante
Como diría Vallejo
En Trilce cuarenta y cuatro
Piano oscuro
Qué otras palabras
Para este sol
Desnudo
Calato, en el Perú
Arrimante
Él mismo
Arrimado a mi ventana

## Trilce Forty Four

The sun behind my curtain
Powerful and radiant
Solo
Of this piano
Hanger-on
As Vallejo would say
In Trilce forty four
Dark piano
What other words
For this nude
Sun
Stark naked, in Peru
Hanger-on
He himself
Hanging on my window

## [Un poco de llama]

Un poco de llama
De este animal y del otro,
El fuego,
La vida que arde
Contra el viento
Enemigo
Máximo cinco enemigos
Me dijo un poeta cololo-
Dominicano
Pero
Voy como mi abuelo
Recién nombrado
Por la poesía e irremediablemente
Muerto entre golpes de puño
Creo honestamente
Luego de mirar con los ojos
Bien abiertos el estrecho panorama
Que soy el mejor poeta del mundo
Pero
Si era tan sencillo:
Cuestión de no dejar entrar en el guiso
A la poesía. Entrarle de una vez
Por delante
Y que no carajo! Que las papas
Se pelan de forma mucho más fácil.
Y adorables que van a la olla.
Y es la historia sobre ellas
Lo que hace suculento al bocado
No las papas en sí mismas sino
Lo que vas imaginando al pelarlas
Y que el lector devora
Como si ellas fueran de otro mundo. Digo
Las papas que son de este mundo no las comemos
Para qué. Esperan en la despensa

## [A Little Bit of Llama]

A little bit of llama
Of this animal and the other
The fire,
Life burning
Against the wind
Enemy
Five enemies at most
A Cololo-Dominican poet
Told me
But
I go as my grandfather
Newly appointed
By poetry and hopelessly
Dead amidst a rain of fists
After looking with eyes
Wide open at the narrow panorama
I honestly believe
That I am the world's best poet
But
It was so simple:
A matter of not letting poetry
Get into the stew. To enter it at once
Through the front
I said hell no! Potatoes
Are much easier to peel.
And how adorably they go into the pot.
And it is the story about them
Which makes the mouthful juicy
Not the potatoes themselves but
That which you imagine as you peel them
And which the reader devours
As if they were from another world. I say
The potatoes from this world we don't eat
What for. They wait in the pantry

Rosadas o más oscuras. Y como apretadas
Siempre contra el vidrio.
Recordándonos
Discretamente
Que todos somos de la tierra.

Pink or darker. And as if pressed
Always against the glass.
Reminding us
Discretly
That we are all from the earth.

## [Cuando alguien te hable de cultura]

*Para Adolfo Montejo Navas*

Cuando alguien te hable de cultura
Cuida bien tus bolsillos
Viejo hippy irredento
Viejo llorón
Enamorado de la luna
Viejo creyente en la poesía
Viejo lunático sin locura
Viejo amante
De pocos tiros a la sazón
Sólo sazón
Si alguien te viene con el cuento
Háblale de cultura
Y así quedan iguales
Pero lo molar
Término alquimístico
De mi colega Adolfo
Me deja sin dientes
Y sin muelas
Pero sólo con los caninos
Es que les hablo
De la puta que nos parió
Pero que no es nuestra madre
Nuestra madre sigue siendo la poesía
La que me regala unas lágrimas
A veces
La que me hincha las pelotas
Y me hace comprender
Lo terriblemente huérfanos
Que estamos sin ella
Radicalmente huérfanos
Y como viviendo por las puras huevas
Cuando te hablen de cultura

# [When Someone Speaks to You of Culture]

*For Adolfo Montejo Navas*

When someone speaks to you of culture
Guard your pockets well
Old unredeemed hippie
Whiny old man
In love with the moon
Old man believer in poetry
Lunatic old man without lunacy
Lover old man
Getting laid in season
Only in season
If someone comes to you with tales
Speak to them of culture
And so you'll be even
But the bone marrow
An alchemist term
Of my colleague Adolfo
Leaves me without teeth
And without molars
But it's only with my canines
That I speak to you
Of the whore who bore us
 But who is not our mother
Our mother is still poetry
The one who grants me a few tears
At times
The one who busts my balls
And makes me understand
How terribly orphaned
We are without her
Radically orphaned
And as if living for shits and giggles
When they speak to you of culture

Cuida bien tus bolsillos
Y cuando te hablen de poesía
También

Guard your pockets well
And when they speak to you of poetry
Also

## [Desde esa parte en la que no soy andino]

Desde esa parte en la que no soy andino
Sino del par de grapas entrecruzadas
Sobre un ángulo alto de mi papelógrafo
Gran poema el más distinguido
Con leve gusto a metal la lata
Jorobadas y aterciopeladas grapas
Con hijos sin hijos como dice el bonete
Sin bonete sin indio y sin camisa
Porque hace mucho calor
Desenchufado de mi origen
Globo aspa periódico escapado al viento
Una última y postrer señal sobre mi índice
Una impensada y final conmoción
Como encontrar un ratón bebé
Dentro del monedero
Como encontrar la felicidad
Escapándoseme a remo
Y entre los yuyos
Pero la he visto y sentido
Pero me ha visto y ha escapado
No soy indio no soy negro no soy blanco
Soy un desteñido más que no recibe el sol
Porque lo abruma y lo estresa
Le provoca herpes dolorosos
El sol que me canta sobre los párpados
El sol que hincha mis lágrimas
Y goloso las bebe
Ya voy a morir… yo, cualquiera?
Ya vamos… nosotros, ustedes?
Muramos de una buena vez de ser felices.

## [From the Part of Me that Is not Andean]

From the part of me that is not Andean
But comes from the pair of staples crisscrossed
On a high angle of my flip chart
Great poem the most distinguished
With a faint taste of metal of tin
Hunchbacked and velvet staples
With or without babies as the nursery rhyme says
Without a rhyme an Indian a shirt
Because it's very hot
Unplugged from my origins
Balloon blade escaped newspaper to the wind
A last and final sign on my index
An unthinkable and final shock
Like finding a baby mouse
Inside a purse
Like finding happiness
Fleeing rowing away from me
And between the seaweed
But I have seen it and felt it
But it has seen me and has escaped
I'm not Indian I'm not Black I'm not White
I'm another discolored man who doesn't get any sun
Because it's overwhelming and stressful
It causes painful sores
The sun that sings to me on my eyelids
The sun that swells my tears
And greedily drinks them
I'm about to die… me, anyone?
We're about to… us, you all?
Let's die once and for all of being happy.

## [Podría salirme de Vallejo]

Podría salirme de Vallejo
Del estudio donde estudio
Su sonrisa
Y como siguiendo una cola de ratón
Derramar el pocillo para otro lado
Clavo y canela
Avena densa que poco a poco empapa
Y cubre el lienzo que te fija
A lo lejos tu cabeza pequeña en el naufragio
De cerca tus labios comiendo despacio su avena
Todos tus padres muertos
Todas tus madres de igual modo
El único ser humano recién varado
Desde el vientre de un mango-papayo
Te cortas la respiración
Para no cortar con el poema
Para seguir para sembrar los bichos
Y las alimañas directamente contra tu cuerpo
Para probar hasta dónde resisten
Las alimañas que mueren
Contra no el único pero sí el último
Ser humano vivo
(quedan otros pero tú eres tú y no los otros)
Quedan otros en las sombras como todo
Levadura de cojones y corazón.

## [I Could Exit Vallejo]

I could exit Vallejo
From the study where I study
His smile
And as if following a mouse tail
Let the cup overflow to another side
Clove and cinnamon
Thick oatmeal that slowly soaks
And covers the canvas that fastens
Your tiny head yonder in the shipwreck
From nearby your lips slowly eating their oatmeal
All your fathers dead
All your mothers likewise
The only human being newly stranded
From the womb of a mango-papaya tree
You cut your breath
So as not to cut away from the poem
So as to continue so as to sow the bugs
And the vermin directly against your body
So as to prove to what extent you resist
The vermin that die
Against not the only but the last
Human being alive
There are still others but you are you and not the others
There are still others in the shadows like everything
Yeast of cojones and heart

## [Agua devota es la poesía]

Agua devota es la poesía
Un coro desde dentro
Del mundo y desde
El interior del agua.
Gratuita y gratis
Para los alfa
Y los alfabetizados
Para casi todos
Menos
Aquellos blandos de corazón.
No estar orgullosos de nada
Aunque un tanto osos
Eso sí
Con una garra con dos
Contra las indeseables
Abejas y contra
El sol deseable.
Porque tus ojos muy viejos
Son dos niños
Sorprendidos
A la intemperie carnicera
Que no es la poesía.
Como uno
Como dos
Como casi todos
Incurables e irremediables
Esquirla
Que no sabemos dónde irá a parar.

## [Devout Water is Poetry]

Devout water is poetry
A choir from inside
The world and from
Inside the water.
Gratuitous and free
For the alphas
And the alphabetized
For almost everyone
Except
Those soft of heart.
Not to be proud of anything
But to be somewhat bee
Yes indeed
With one stinger with two
Against the undesirable
Bears and against
The desirable sun.
Because your very old eyes
Are two children
Caught
In the butcher-esque outdoors
Which poetry is not.
Like one
Like two
Like almost everyone
Incurable and irremediable
Shrapnel
And we don't know where it'll stop

## Viernes santo de un poeta

Requerir requerirte
Flor pistilo
Contra la tremenda noche
Dos tres cuatro inútiles
Gestos
Ante la hecatombe
Ya muerto suicidado asesinado
Qué duda cabe
Con un resto de flor viva
Para envenenar a la muerte
Que es mucha masiva y poderosa
Para matar a la muerte
Para eso te requiero
Coro inaudible
Desde mi pecho enamorado
Lágrimas sobre mis lágrimas
Así aumentadas y desbordadas y hoscas
Contra todo aquello que mata

*A la memoria de mis padres*

# A Poet's Good Friday

To require to require of you
Flower pistil
Against the dreadful night
Two three four pointless
Gestures
Before the hecatomb
Already dead self-killed murdered
What doubt is there
With residue of a live flower
To poison death
Which is plentiful massive and powerful
To kill death
For that I require you
Inaudible choir
From my enamoured chest
Tears upon my tears
Augmented and overflowing and brusque
Against all that kills

*To my parents, in memoriam*

## Año 2064

I

Guardas algo de tu memoria adulta
Luces antenas arborescentes
El sabor del deseo también
La bruma
Del odio y de la tristeza
Cerrada la mirada
Se filtra también algo
Menos sencillo de identificar
La alegría innata
Y no esta pre-programada
De ahora mismo
Esta como postiza
De ahora mismo

II

Aprendimos a ser como niños
E inofensivos
Y multiculturales
Y asexuados
Desde finales del siglo XX
Desaparecimos del mapa
Y hemos vuelto
Amnésicos
Aunque con burilada agenda
No recuerdo a mi madre
Y no la necesito
Mucho menos a mi padre
Pero sé que no sé
Rememoro
Aquello palpan a veces
Mis viejas células humanas

# Year 2064

## I

You keep something of your adult memory
Lights arborescent antennas
Also the flavor of desire
The mist
Of hatred and sadness
Closed eyes
Something also leaks through
Less simple to identify
The innate happiness
And not this pre-programmed one
Of right this moment
This one as if a fake
Of right now

## II

We learned to be like children
And harmless
And multicultural
And asexual  And
Since the end of the 20th century
We have disappeared from the map
And returned
Amnesic
Though with an engraved agenda
I don't remember my mother
And I don't need her
Much less my father
But I know that I don't know
I recall
Sometimes my old human cells
Grope that

Y me acurruco contra la piedra
Y trato de hundirme
Y de enroscarme con ella
Incluso al mirarte
Directamente a los ojos
Y hablarte
Con este lenguaje de polvo
Toda esta nube
Que desde y cada amanecer nos envuelve.

And I crouch against the stone
And try to sink
And curl up with it
Even when I look at you
Straight into your eyes
And speak to you
With this language of dust
This whole cloud
That every dawn since then envelops us.

## [Llegar de incógnitos]

Llegar de incógnitos
Con un anzuelo coger
Entre las que den el peso
Si es inferior se completa
Con piedrecitas en sus bolsillos
Tráfico humano, la poesía
Contrabando artero
Suicidio culposo
E incesto con el ave
Que todos llevamos dentro
-Te tienen miedo, Pedro
Y qué culpa tendríamos
Si nos hemos quedado
Jugando hasta la muerte

## [To Arrive Incognito]

To arrive incognito
To grab with a fishhook
Among those with the right weight
If it's under it'll be reached
With pebbles in their pockets
Human traffic, poetry
Cunning contraband
Guilty suicide
And incest with the bird
That we all carry within us
 "They fear you, Pedro"
And what guilt should we feel
If we have been left
Playing until death

# [Cansado estoy de insistir]

Cansado estoy de insistir
Que todos somos andinos
Y que el apu mayor
Es el Himalaya
Pero si es tan sencillo
La voz de Amy el piano
De Michel la arena
De El Polaco
Todos en la misma dirección
La del alarido
La del tinku errante
Lloramos de alegría
Nuestro gesto final
Es apuntar al cielo
Pero no por esto
Tenemos menos desgarrados
Los pulmones. El sentido

## [I Am Tired of Insisting]

I'm tired of insisting
That we are all Andean
And that the greater Apu
Is the Himalayas
But it's so simple
Amy's voice Michael's
Piano the sand
Of the Pole
All in the same direction
That of the howl
Of the wandering tinku
We cry from joy
Our final gesture
Is to point at the sky
But this is not why
Our lungs are less
Torn. The meaning

## LA MIRADA

*"EL ZORRO DE ARRIBA [Responde al ZORRO DE ABAJO]: Así es. Seguimos viendo y conociendo" [...] "[ZORRO DE ARRIBA] Oye: yo he bajado siempre y tú has subido. Pero ahora es peor y mejor" [...] [ZORRO DE ABAJO] Y veo, veo; puedo también, como tú, ser lo que sea [Acaso también, incluso, el otro "zorro"; es decir, ser personajes intercambiables o, eventualmente, uno solo]. Así es. Hablemos, alcancémonos hasta donde es posible y como sea posible"*[1].

---

1   "In 1969 [*The Fox From Above and the Fox From Below*, a Xerox copy of an original typescript, done in the National University of Engineering, Lima. It is incomplete and numbered from page 1 to 152] The dialogues of the foxes are not indented [Note No. 37 of the First Part]" (José María Arguedas, *Complete Works*, Lima: Editorial Horizonte, 1983, vol. V, p.208).

# THE GAZE

*"THE FOX FROM ABOVE [Replies to the FOX FROM BELOW]: That's right. We keep on seeing and learning" […] "[FOX FROM ABOVE] Listen: I've always gone down and you have gone up. But now it's worse and better" […] [FOX FROM BELOW] And I see, I see; I can also, like you, be anything [Perhaps also, even, the other fox;" that is, to be interchangeable or, eventually, only one (1)]. That's right. Let's talk, let's reach each other at the farthest possible point and in any way posible."*[2]

---

2  "In 1969 [The Fox From Above and the Fox From Below, a Xerox copy of an original typescript, done in the National University of Engineering, Lima. It is incomplete and numbered from page 1 to 152] The dialogues of the foxes are not indented [Note No. 37 of the First Part]" (José María Arguedas, Complete Works, Lima: Editorial Horizonte, 1983, vol. V, p.208).

## UNO

El sol sale para todos
Pero se refracta
De modo particular
En cada uno
A ras del mar
Isla y borde entreabierto
Un piso más arriba
O un piso más abajo
Ulises del otro lado de la puerta
El sol o tu madre en el sueño
El beso de la víspera
Un pensamiento
Que se instala en la realidad
Sea ésta cual sea
Un sonido sordo por lo común
O tu coxa linda
Una suave onda más
De tu cabello de colegiala
He muerto y he resucitado
Y he muerto una vez más
Pero no se trata de resurrección
Se trata de muerte y de vida
Entreveradas
Una negra de pies muy finos
Y de manos que atinan
A comulgar con tu miembro
Como ninguna
Un ave herida he visto
Varios soles pendiendo
De semejante hilo
Varios cielos transversales
Toda la realidad
Enmarcada en un ojo

## ONE

The sun rises for everyone
But it refracts
In a particular way
On each one
At sea level
Island and rim ajar
One floor up
Or one floor down
Ulysses on the other side of the door
The sun or your mother in the dream
The kiss of the eve
A thought
That settles in reality
Which ever this may be
Usually a dull sound
Or your pretty thigh
One more soft wave
Of your schoolgirl hair
I have died and resurrected
And have died one more time
But it's not about resurrection
It's about death and life
Intertwined
A Black woman with slender feet
And with hands that manage
To commune with your penis
Like no other
I've seen a wounded bird
Several suns hanging
From a such a similar thread
Several intersecting skies
All of reality
Framed in one eye

Apretujada y quemante
Dentro de un corazón
No miento
Cualquiera se percataría de ello
La poesía es verdad

Crammed and burning
Inside a heart
I don't lie
Anyone could see that
Poetry is truth

## DOS

Un animal
Alcanza la más bella flor
Una palabra escuchada
Enterrada entre el polvo
Inhabitable por ahora
Una palabra que te posibilitó vivir
Entre la humillación
Y el desamparo
Una palabra retorciéndose muda
En medio del lodo
De la hoja el fruto la rama el árbol el mundo
Todo ello huérfano
Una palabra salida de tu boca
Y contra nuestro pecho
Dardo y antorcha humeantes
Una palabra que es de este mundo
O de cualquier otro
Aunque intensamente vivida
Incandescentemente vivida
Mejor diríamos ahora
Una red inflamada
Cobrándote de cabo a rabo
Para siempre

# TWO

An animal
Reaches the prettiest flower
A word heard
Buried in the dust
Uninhabitable for now
A word that enabled you to live
Between humiliation
And abandonment
A word twisting silently
In the midst of the mud
Of the leaf the fruit the branch the tree the world
All that orphaned
A word out from your mouth
And against our chest
Smoking torch and dart
A word from this world
Or from any other
Though intensely lived
Incandescently lived
Better said now
An inflamed net
Making you pay from end to end
For ever

## TRES

A la sombra del poeta
Al que no suelo encontrar
Estando sentado
Aunque así ha sucedido hoy día
Hurgando sus poemas
Leyendo sus crónicas
Un dado de ocho lados
Multiplicado por otros ocho
Pero reducido también
Si fuese necesario
A cuatro ojos sobre tres rostros
Y de modo penúltimo
A una mirada
Sumergida
Hasta el párpado inferior
Bemol (es) contra Bulla
Así es *Trilce*
Puñal o península
A quema ropa

# THREE

In the poet's shadow
Who I don't usually find
Being seated
Although it has happened this way today
Digging into his poems
Reading his chronicles
An eight-sided dice
Multiplied by another eight
But also reduced
If it were necessary
To four eyes on three faces
And in a penultimate way
To one glance
Submerged
To the lower eyelid
Flat (s) against Racket
Such is *Trilce*
Dagger or peninsula
At point blank

## CUATRO

### I

El sol es un llamado
una nave
hacia la noche
hacia el día
hacia el horizonte
el impasible Sol
la mirada
porque ya te miró un día
y allí te conserva
y allí te junta
con tus semejantes
la pantera oscura
el cervatillo de la postal
la hembra que parsimoniosamente
se desnuda
en el video
no eras tú él único
allí
estaban todos ellos
más tu familia
más el Sol
vociferante de tan mudo
aquel evidente
y, no menos, el del pliegue
el que se filtra
por la alcantarilla
o por la mística persiana

### II

Hubimos de ver y no pensar
Un día

# FOUR

## I

The sun is a calling
a ship
towards the night
towards the day
towards the horizon
the impassive Sun
the gaze
because it had already looked at you once
and there it keeps you
and there it unites you
with your fellow beings
the dark panther
the postcard fawn
the woman who solemnly
undresses
in the video
you weren't the only one
all of them were
there
plus your family
plus the Sun
loud in his deep muteness
that obvious one
and, not least, the pleated one
the one who pours himself
through the sewer
or through the mystical blinds

## II

We had to see and not think
One day

Ver y aceptar
Ver y compartir
Ver y reírnos
Cual una estampida
De lagartijas
Ver y espiar
Porque la niñez
Jamás es pura
Sino tal cual
Niñez
Cuatro ojos tres rostros
Una mirada
Varios colores entrelazados
Y una sola luz

III

Mi frente crece y se torna calva
Como el Sol
Y cada vez soy menos culpable
Y cada vez soy más inocente
Como el Sol
Como los tres soles
Que vi un día al poniente
Tres para compartir
Y nunca estar solo
Un ave
Que parece una
Pero que desplegada
Son tres
Seres muy ansiosos de compañía.

Chongoyape, agosto 2019

To see and accept
To see and share
To see and laugh
Like a stampede
Of lizards
To see and spy
Because childhood
Is never pure
But just is
Childhood
Four eyes and three faces
A gaze
Several intertwined colors
And one single light

III

My forehead grows and turns bald
Like the Sun
And each time I am less guilty
And each time I am more innocent
Like the Sun
Like the three suns
I saw one day at dusk
Three to share
And to never be alone
A bird
Which seems one
But which with wings spread out
Are three
Beings very eager for company.

Chongoyape, August 2019

## CINCO

Entre el cielo
Y aquella rama de palmera
La verdad absoluta
Una verdad entre otras
Pero no únicamente
Mi verdad
El poder del ser humano
Es más potente
Que la intuición del perro
Que el cuerno del rinoceronte
Amo ser un ser humano
Como amaría ser una lechuga
Si el tiempo así lo estimara
No un tiempo lineal
Sino uno de sabiduría
Reventar como sapiens
En plena tómbola
De lo simétrico de lo semejante
De lo intercambiable
Con mi pene de sesenta años
Que se monta hasta las rocas
De las que se jamonea mi vecina
Hembra dura de tan blanda
Aerolito en plan de colisión
Y de miradas de luna
Y manos de puente
Entre el magma
Y la más tupida ceniza
Para amarnos
Como hebras que vivirán
Sólo una cuantas horas
Como sonrisas escapadas
De lo más profundo del océano

## FIVE

Between the sky
And that palm branch
The absolute truth
One truth among others
But not only
My truth
The power of the human being
Is more potent
Than the intuition of the dog
Than the horn of the rhino
I love being a human being
As I would love being a lettuce
If time so deemed it
Not a linear time
But one of wisdom
To burst like sapiens
In the midst of a tombola
From the symmetrical from the similar
From the interchangeable
With my sixty-year old penis
Which mounts even the rocks
Of which my neighbor boasts
Hard woman in her softness
Aerolite on a collision path
And moon gazes
And bridging hands
Between the magma
And the thickest ash
To love one another
Like threads that will live
Only a few hours
Like smiles that have fled
From the deepest part of the ocean

## SEIS

Escucho y veo
Lo que está bien hecho
El ciclón de Barry White
Encerrado
Entre las barras de su corazón
Los desplantes de Luis Cernuda
El diamante de su orgullo de poeta
El adjetivo de César Vallejo
Hasta lo más oscuro
De la Vía Láctea
Tu amor cuando aflora
De lo muchísimo que te han amado
Otros
Tus padres tus tatarabuelos
Que no sabían que nunca supieron
De cómo aflorarían a través de tu amor
Ben gala ben querida ben amada
Un punto una intersección un ángulo
Que nos justifica
Porque se halla bien hecho
Unas manos con barro
Entre muchísimas otras

## SIX

I listen and see
That which is well made
Barry White's cyclone
Locked
Between the bars of her heart
Luis Cernuda's disdain
The diamond of his poet's pride
César Vallejo's adjective
Until the darkest side
Of the Milky Way
Your love when it surfaces
From the intensity with which others
Have loved you
Your parents your great-great-grandparents
Who didn't know who never knew
How they would surface through your love
Ben gala ben querida ben amada
A point and intersection an angle
Which justifies us
Because it's well made
Some muddy hands
Among so many others

## SIETE

Injerto de rama nocturna
Y de cola de caballo
Así es mi alma
Y de brazos y manos y dedos de mago
Cuando me alumbra la poesía
Aspas de tortuga mocos de foca
Glande eterno y colorado
El de mi perro, perdón,
El de Mique, por si fuera a ofenderse
Me alumbra porque me ama
Porque me amó desde siempre
Que siempre es decir bien poco
Como decir antes de ayer
Como decir esta pasada tarde
Donde sentí su cercanía
Y su amor
Absolutamente incondicional
Si tengo un defensor
Luego de la muerte
Esta es la poesía
Que ella me conoce
Cómo no
Que ella me sabe
Me ha visto y me ha oído
O se ha visto y se ha escuchado
En mí
Muchacho muchacha ave piedrecilla
Íntimo charco
Botella azul sobre un mar incluso más azul
Así era cuando niño
Y así soy ahorita por su amor
Ahora de viejo

## SEVEN

Graft of nocturnal branch
And horsetail
so is my soul
And of arms and hands and a magician's fingers
When
Poetry casts her light on me
Turtle mill-blades seal boogers
Red eternal glans
That of my dog, sorry,
Mique's, in case you get offended
She shines on me because she loves me
Because she's always loved me
Which is always to say very little
Like saying the day before yesterday
Like saying this past evening
When I felt her closeness
And her love
Absolutely unconditional
If I have an advocate
After death
She is poetry
Because she knows me
Of course
Because she's tasted me
She's seen and heard me
Or she's seen and heard herself
In me
Young boy young girl bird pebble
Intimate puddle
Blue bottle over a sea even more blue
That was me when I was a boy
And so I am right now because of her love
Now as an old man

## OCHO

I need your love
I need your love
Wait for me
Wait for me
Elvis llevado por la tormenta
Absolutamente inocente Elvis
Huaylas adentro
Huaylas afuera
La puerta parece una sola
Y casi equivalente la voz

                                              Rio Branco, agosto 2019

## EIGHT

I need your love
I need your love
Wait for me
Wait for me
Elvis carried by the storm
Absolutely innocent Elvis
Huaylas inside
Huaylas outside
The door seems just one
And the voice almost the same

                              Rio Branco, August 2019

## NUEVE

Rotos el corazón
Y esto que somos
Una estampida de insectos
Y de secretos encontrados
Al borde de la muerte
De lo que morir significa
Tocarte
De lo que morir sin ti
O contigo es inevitable
El secreto
Una sonrisa un beso
Cierta mirada
Y morir morir morir
Del todo evaporarse
Como la piedra
Que permite despedirse
A la gota al rocío
A lo que sobre la piel
La acompañaba
A aquello con lo cual
Te acompañé
Dulces lilas
Frescas exuberantes
Ingenuas núbiles
Vírgenes entregadas
Y delicadas las formas
Como se dibujaban
Mis sentimientos
Que ahora no tengo
Aunque persisten como cosas
Como una especie de abrigo
Leve leve sobre la piel
El abrigo
Y lo que lo desnuda

## NINE

The heart broken
And also what we are
A stampede of insects
And of conflicting secrets
At death's door
Of what it means to die
To touch you
Of what dying without you
Or with you is inevitable
The secret
A smile a kiss
A certain gaze
And to die to die to die
To completely evaporate
Like the stone
That allows the drop the dew
To say goodbye
And that over the skin
kept it company
And that with which
I kept you company
Sweet lilacs
Fresh lush
Naïve virginal
Surrendered virgins
And delicate shapes
As my feelings
were drawn
Which I don't have now
Although they persist like things
Like a kind of coat
Light light over the skin
The coat
And that which undresses it

Y el viento y el aire
Que lo embisten
Y mi enorme boca
Mi boca abierta lengua
Dientes todos y lengua
Contra el universo
El que se ve ahora
Y el invisible
Si tuviera que decirles
Algo sería
Algo sería
Una piel sobre otra
Una natural demanda
De dicha de voz de terciopelo
Mi grito
Contra la noche y contra
El día
Contra lo que se sabe
Y lo otro
Contra la tristeza y la alegría
Pero he desaparecido ya
Con estos sentimientos
Y esta bestia
Que derrama el vino
Pero he desaparecido ya
Con mi mano con pecas
Y mis yemas ocupadas
Pero he desaparecido ya
Con aquello mismo
Que amaba
Pero he desparecido
Pero ya he desparecido

Lima, agosto 2019

And the wind and the air
That charge against it
And my huge mouth
My open mouth tongue
All my teeth and tongue
Against the universe
The one that is seen now
And the invisible one
If I had to tell you
Something it would be
Something would be
One skin over the other
A natural demand
Of bliss of voice of velvet
My scream
Against the night and against
The day
Against what is known
And the other
Against sadness and joy
But I've already disappeared
With these feelings
And this beast
Who spills the wine
But I've already disappeared
With my freckled hand
And my busy fingertips
But I've already disappeared
With exactly that
Which I loved
But I've disappeared
But I've already disappeared

Lima, August 2019

## DIEZ

Se puede poner
Se puede palpar
Se puede partir de allí
Y delicadamente
Para otro mundo
Puerta lateral
Donde el lenguaje se toca
Donde el amor se toca
Donde la verdad
Es una novia antigua
Aguardándonos
Y que nos aguarda
Así que ya lo saben
Tocar el papel
Y conocerte
Tocar la dicha
Que es el mismo papel
Entre griego e incaico
Entre venido de un salón
Y recogido de una puerta lateral
Interior y muy humilde
Y un beso
Un teclado que atraviesa
Las épocas y los días
Y las veces erradas
Y las veces ciertas
Y aquellas en que no creemos
Y no menos nos reconciliamos
Empuñamos los dedos
Y nos reunimos allí
Todos todo
Absolutamente
Sin quedar nada fuera
Y nada cómoda dentro

## TEN

You can place it
You can feel it
You can start from there
And delicately
To another world
Side door
Where you can touch language
Where you can touch love
Where truth
Is an old girlfriend
Waiting for us
And who is expecting us
So now you know
To touch the role
And to know yourself
To touch the bliss
Which is the same role
Between Greek and Inca
Between having come from a lounge
And been picked up from a side door
An inner and very humble one
And a kiss
A keyboard that crosses over
Ages and days
And the wrong times
And the right times
And those we don't believe in
And no less reconcile with
We clench our fists
And gather there
Everyone everything
Absolutely
With nothing left outside
And nothing cozy inside

Lo humano es un mensaje
De alguno que amó mucho
De alguno ante el cual
El agua se abrió y el aire
Y dios incrédulo
Acompañó
Hasta que lo perdió de vista
Alguno que sopló
Dentro de su puño
Y todo se paralizó
Atento para siempre
A su calor
A su leve voz
De ángel pero que es más bien
Un animal que es más bien
Un ángel
Atentos para siempre
A su inesperada belleza

The human is a message
From someone who loved a lot
From someone before whom
The water and the air opened
And who an incredulous god
Accompanied
Until losing sight of him
Someone who blew
Inside his fist
And everything stood still
Forever attentive
To his warmth
To his soft voice
Of an angel but which is more like
An animal which is more like
An angel
Forever attentive
To his unexpected beauty

## ONCE
[Día primero del Año]

I

Día primero del Año
Todos han muerto
Me he quedado solo aquí
Y aunque arribamos con éxito
No encontramos rastros de vida
Extraterrestre
Aunque hallamos la mirada
Mejor dicho
El modo de mirar
Y el de devolver la mirada
La cual circunvolamos ahora mismo
Bueno, yo con el resto
Todos aquellos de la misión
Aunque sea únicamente este tripulante
El que ha sobrevivido
Ignoro el retorno, además,
Y no tengo ya combustible
Sin embargo, me mantengo alerta
Por si algo o alguna cosa o energía
Me pueda hacer regresar
Aunque por ahora solo circunvuelo
La mirada
No crean, lo hago con mucho temor
Aunque, para ser honesto
Al mismo tiempo con cierta calma
Cierta familiaridad
Porque antes creo ya haberla visto
Sin necesidad de haber tenido que venir
Desde tan lejos y hasta estos confines
Hasta esta enrarecida y tan singular
Órbita

# ELEVEN
[First Day of the Year]

I

First day of the Year
Everybody is dead
I've been left here alone
And although we arrived safely
We didn't find traces of extraterrestrial
Life
Though we found the gaze
Rather
The way of looking
And of returning the gaze
Over which we're flying right now
Well, I with the others
All those from the mission
Even if this crewmember is the only
One who's survived
Besides, I don't know the way back
And I have no fuel left
However, I remain alert
In case anything or something or energy
Could help me return
Altough for now I only fly over
The gaze
Believe me, I do it full of fear
Though, to be honest
Also with a certain calm
A certain familiarity
Because I think I've already seen it
Without needing to have come
From so far and to these boundaries
To this rarified and so singular
Orbit

Porque propiamente no hay paisaje por aquí
Sino como una fuente de luz nada más
Que ahora mismo oteo y bordeo
Acaso ella pueda hacerme regresar

II

Invertimos tanto tiempo
Tantísima vida
En esto de auto esclavizarnos
Y en esclavizar a los demás
Pero aquella vida nunca se perdió
Se guardó escrupulosamente
La guardó la mirada
La fuente de vida de cada uno
Si no se usó
Retornó hasta allí intacta
Eso veo ahora de aquello me percato
Sensible y hondamente me percato
Y me lleno de felicidad y compañía
Total compañía
Estallados en lágrimas
Y dándonos entre todos un beso

III

Retornar siempre es maravilloso
Pero hallo
Que jamás salí
De aquí
Ni cuando me puse el uniforme
Se quemaron los motores
Y paulatinamente
Llegamos tan lejos
Y más lejos todavía
"Día primero del Año"

Because really there's no landscape here
But only a kind of light source
Which I now get close to and inspect
Perhaps it could help me return

II

We spent so much time
So much life
In enslaving ourselves
And in enslaving others
But that life was never lost
It was saved thoroughly
It was saved by the gaze
Each one's fountain of life
If it wasn't used
Returned there whole
Now I see that I realize that
Sensibly and deeply I realize
And I fill up with joy and companionship
Total companionship
Bursting with tears
And all of us kissing

III

Returning is always marvelous
But I find
That I never left
Here
Not even when I put on my uniform
The engines burned out
And gradually
We got so far
And further still
"First day of the Year"

Así lo he denominado
Con esta vulgar metáfora
Para intentar aludir
A algo que comienza
Pero nunca termina
Algo que es siempre
Continua y de manera meticulosa
Siempre
Sin año ninguno ni día ni tampoco medida

So I've named it
With this vulgar metaphor
Attempting to allude
To something that begins
But never ends
Something that is always
Continuously and meticulously
Always
With no year nor day nor measure

## ACERCA DEL AUTOR

PEDRO GRANADOS nació en Lima, Perú, en 1955. Empezó a publicar poesía en 1978 (*Sin motivo aparente*) y, hasta hoy, tiene en su haber una docena de poemarios. Pero también ha publicado varias novelas cortas (*Prepucio carmesí, Un chin de amor, Una ola rompe* y, últimamente, *Poeta sin enchufe*); y, por último, algunos libros de ensayo. Granados es un especialista en el estudio de la obra de César Vallejo. Educación: Ph.D (Hispanic Language and Literatures), Boston University; Master of Arts, Brown University; Profesor de Lengua y Literatura Española, ICI (Madrid); Bachiller en Humanidades, PUC del Perú. El 2016, con *Trilce/ Teatro: guión, personajes y público*, mereció el *Prêmio Mario González* de la Associação Brasileira de Hispanistas (ABH). Desde el 2014 preside el "Vallejo sin Fronteras Instituto" (VASINFIN). Actualmente es docente en la Universidad Nacional Mayor de San Marcos (UNMSM).

# ABOUT THE AUTHOR

PEDRO GRANADOS was born in Lima, Peru, in 1955. He began publishing poetry in 1978 (*Sin motivo aparente*) and, to this day, has a dozen books of poetry under his belt. But he has also published several short novels (*Prepucio carmesí, Un chin de amor, Una ola rompe* and, lately, *Poeta sin enchufe*); and, finally, some essay books. Granados is a specialist in the study of the work of César Vallejo. Education: Ph.D (Hispanic Language and Literatures), Boston University; Master of Arts, Brown University; Professor of Spanish Language and Literature, ICI (Madrid); Bachelor in Humanities, PUC of Peru. In 2016, with *Trilce / Teatro: guión, personajes y público,* he won the Mario González Award from the Associação Brasileira de Hispanistas (ABH). Since 2014 he chairs the "Vallejo sin Fronteras Instituto" (VASINFIN). He is currently a professor at the National University of San Marcos (UNMSM).

.

# ACERCA DE LOS TRADUCTORES

LESLIE BARY (Seattle, Washington, 1956) estudió Literatura Comparada en la Universidad de California, Berkeley, doctorándose en 1987. Ha vivido, trabajado, y estudiado en España, Francia, Dinamarca, Brasil y Perú. Enseña literatura y cultura latinoamericanas en la Universidad de Luisiana, Lafayette. Entre sus publicaciones académicas destacan estudios sobre los poetas César Vallejo, Oswald de Andrade, Emilio Adolfo Westphalen y Rubén Darío, y otros temas en la literatura moderna. Ha publicado traducciones de Mirta Yáñez, Oswald de Andrade, y otros escritores latinoamericanos. Su proyecto de libro actual es *That Discerning Eye: Race and the State in Modern Latin American Literature*. Con Esteban Quispe, prepara una traducción del poemario *La tortuga ecuestre*, de César Moro. En su tiempo libre trabaja como activista, entre otros proyectos contra la detención de inmigrantes.

SASHA REITER nació en la Ciudad de Nueva York en 1996. Asistió a la Escuela Pública y recibió su Bachillerato en Literatura Inglesa y Creación Literaria en la Universidad de Binghamton (2018). Pasó un semestre en Londres estudiando historia y cultura de Inglaterra. Ha publicado un libro de poemas: *Choreographed in Uniform Distress/ Coreografiados en uniforme zozobra* (Nueva York: Artepoética Press, 2018). Actualmente se encuentra trabajando en su segunda colección de poemas. Su poesía ha sido publicada en inglés y en traducción al coreano y al español en varias revistas internacionales, así como incluida en *Multilingual Anthology: The Americas Poetry Festival of New York* 2018; *Korean Expatriate Literature Anthology* (Santa Fe Springs, CA, 2019); y *Yale Club Poets Anthology* (Nueva York, fecha de publicación: abril, 2020). Ha traducido al inglés *Identity Flight/Vuelo de identidad* (libro de poemas de Oscar Limache,

## ABOUT THE TRANSLATORS

LESLIE BARY was born in Seattle, Washington in 1956. Her B.A., M.A. and Ph.D. (University of California, Berkeley) are in Comparative Literature, and she has lived, worked and studied in Spain, France, Denmark, Brazil and Peru. She teaches Latin American literature and culture at the University of Louisiana at Lafayette. She has scholarly publications on César Vallejo, Oswald de Andrade, Emilio Adolfo Westphalen, Rubén Darío and other topics in modern Latin American literature. Her translations include Mirta Yáñez' "El diablo son las cosas" and Oswald de Andrade's *Manifesto Antropófago*. Her current book project is *That Discerning Eye: Race and the State in Modern Latin American Literature*. With Esteban Quispe, she is preparing a translation of César Moro's *La tortuga ecuestre*. In her spare time she works as an activist in labor organizing, post-conviction relief and the abolition of immigrant detention.

SASHA REITER was born in New York City in 1996. He attended Public School and received his B.A. in English Literature and Creative Writing from Binghamton University (2018). He spent a semester in London studying English history and culture. He has published one collection of poems: *Choreographed in Uniform Distress/Coreografiados en uniforme zozobra* (New York: Artepoética Press, 2018). He is presently working on his second collection of poems. His poetry has been published in English and in translation into Korean and Spanish in several international journals, and included in *Multilingual Anthology: The Americas Poetry Festival of New York* 2018; *Korean Expatriate Literature Anthology* (Santa Fe Springs, CA, 2019); and the *Yale Club Poets Anthology* (New York, publication date: April, 2020). He has translated into English *Identity Flight/Vuelo de identidad* (a collection of poems by Oscar Limache, to be published

que será publicado por el Grupo Editorial Amotape, Lima, en marzo del 2020). Actualmente, está siguiendo una Maestría en Creación Literaria en la Universidad Sarah Lawrence.

ISAAC GOLDEMBERG nació en Chepén, Perú, en 1945 y reside en Nueva York desde 1964. Ha publicado cuatro novelas, dos libros de relatos, diez de poesía y tres obras de teatro. Sus publicaciones mas recientes son *Libro de reclamaciones* (2018) y *Philosophy and Other Fables* (2016). En el 2001, su novela *La vida a plazos de don Jacobo Lerner* fue seleccionada por el Yiddish Book Center de Estados Unidos como una de las 100 obras más importantes de la literatura judía mundial de los últimos 150 años. Es Miembro de la Academia Norteamericana de la Lengua Española y Profesor Honorario de la Universidad Ricardo Palma de Lima. De 1971 a 1986 fue catedrático de New York University y de 1992 al 2019 fue Profesor Distinguido de Humanidades de The City University of New York, donde también dirigió el Instituto de Escritores Latinoamericanos.

by Grupo Editorial Amotape, Lima, in March of 2020). He is currently pursuing an MFA in Creative Writing at Sarah Lawrence University.

ISAAC GOLDEMBERG was born in Chepén, Peru in 1945 and has lived in New York since 1964. He is the author of four novels, two books of short stories, ten collections of poetry, and three plays. His most recent publications are *Libro de reclamaciones* (2018) and *Philosophy and Other Fables* (2016). In 2001 his novel *The Fragmented Life of Don Jacobo Lerner* was selected by the Yiddish Book Center of the United States as one of the 100 most important Jewish books of the last 150 years. He is a Member of the North American Academy of the Spanish Language and Honorary Professor of the Ricardo Palma University of Lima, Peru. From 1971 to 1986 he taught at New York University, and from 1992 to 2019 he was Distinguished Professor of Humanities of The City University of New York, where he was also director of the Latin American Writers Institute.

www.ingramcontent.com/pod-product-compliance
Lightning Source LLC
Chambersburg PA
CBHW031320160426
43196CB00007B/601